NAJLEPSZY PRZEWODNIK PO KREACJACH CIABATTA

100 rzemieślniczych przepisów na przygotowanie ciągnącej się i chrupiącej ciabatty w domu

Mariusz Chmielewski

Prawa autorskie ©2024

Wszelkie prawa zastrzeżone

Żadna część tej książki nie może być wykorzystywana ani rozpowszechniana w jakiejkolwiek formie i w jakikolwiek sposób bez odpowiedniej pisemnej zgody wydawcy i właściciela praw autorskich, z wyjątkiem krótkich cytatów użytych w recenzji. Niniejsza książka nie powinna być traktowana jako substytut porady lekarskiej, prawnej lub innej porady zawodowej.

SPIS TREŚCI

SPIS TREŚCI **3**
WSTĘP **6**
KLASYCZNA CIABATA **7**
   1. Podstawowa Ciabatta 8
   2. Żyto Ciabatta 11
   3. Chleb Ciabatta na Zakwasie 13
   4. Roladki Ciabatta 16
   5. Maszyna do pieczenia chleba Ciabatta 19
   6. Ciabatta ryżowa 23
   7. Mąka Migdałowa Ciabatta 27
   8. Ciabatta z mąki maniokowej 29
   9. Mąka z ciecierzycy Ciabatta 31
  10. Mąka gryczana Ciabatta 33
  11. Ciabatta z mąki teffowej 35
  12. Mąka z sorgo Ciabatta 37
CIABATA OWOCOWA **39**
  13. Pizza Ciabatta z Gruszką i Gorgonzolą 40
  14. Tosty francuskie Ciabatta nadziewane wiśniami i mascarpone 42
  15. Ciabatta nadziewana jabłkami i cynamonem 44
  16. Ciabatta pełnoziarnista z orzechami żurawinowymi i pszenicą 46
  17. Ciabata morelowa z polewą miodową 49
  18. Ciabatta jagodowo-cytrynowa 52
  19. Ciabatta pełnoziarnista z figami i brie 55
ZIOŁA CIABATTA **58**
  20. Rozmaryn Czosnek Ciabatta 59
  21. Czosnek Pietruszka Ciabatta 61
  22. Rozmaryn Ciabatta 63
  23. Ciabatta pełnoziarnista z rozmarynem 65
ORZECH CIABATA **68**
  24. Ciabatta z orzechami i rodzynkami 69
  25. Mak migdałowy Pełnoziarnisty Ciabatta 72
  26. Żurawina Makadamia Ciabatta 75
  27. Ciabata porzeczkowo-orzechowa 78
PRZYPRAWIONA CIABATA **81**
  28. Chleb kamut miodowo-przyprawowy 82
  29. Ciabatta pełnoziarnista z rodzynkami i cynamonem 85
  30. Płatki chili i papryka Ciabatta 88
  31. Kurkuma i kminek Ciabatta 90
CZEKOLADOWA CIABATTA **92**

32. Ciabatta czekoladowo-orzechowa 93
33. Ciabatta czekoladowo-pomarańczowa 95
34. Ciabatta z podwójną czekoladą 97
35. Ciabatta czekoladowo-wiśniowo-migdałowa 99
36. Wir czekoladowo-orzechowy Ciabatta 101
37. Ciabatta czekoladowo-kokosowa 103
38. Czekoladowa Ciabatta Malinowa 105
39. Ciabatta pełnoziarnista z kawałkami czekolady 107

CIABATA Z KOFEINĄ 110
40. Espresso Ciabatta 111
41. Zielona herbata Matcha Ciabatta 113
42. Ciabatta z przyprawami Chai 115
43. Chips Mokka Ciabatta 117

CIABATTA WARZYWNA 119
44. Ciabatta z czarnej oliwki 120
45. Ciabatta wegetariańska 123
46. Ciabatta z suszonych pomidorów pełnoziarnistych 125
47. Ciabatta pełnoziarnista z oliwek i ziół 128
48. Jalapeño Ciabatta pełnoziarnista 131
49. Cheddar i szczypiorek Ciabatta pełnoziarnista 134
50. Ciabatta pełnoziarnista z pesto i mozzarellą 137

KANAPKI Z CIABATTĄ 140
51. Kanapka Caprese Ciabatta 141
52. Kanapka Ciabatta z Pesto z Kurczaka 143
53. Włoska kanapka Ciabatta 145
54. Śródziemnomorska kanapka z warzywami Ciabatta 147
55. Kanapka z żurawiną i indykiem Ciabatta 149
56. Kanapka z bakłażanem i parmezanem Ciabatta 151
57. Kanapka z pieczoną wołowiną i chrzanem Ciabatta 153
58. Sałatka z tuńczyka Ciabatta Kanapka 155
59. Kanapka z pesto mozzarellą i warzywami Ciabatta 157
60. Kanapka z wędzonym łososiem i serkiem śmietankowym 159
61. Kanapka Ciabatta z szarpaną wieprzowiną z grilla 161
62. Kanapka z greckim kurczakiem Ciabatta 163
63. Kanapka ze stekiem i karmelizowaną cebulą 165
64. Kanapka z kurczakiem i awokado Cezar Ciabatta 167
65. Kanapka Ciabatta z Kurczakiem Buffalo 169
66. Kanapka Muffuletta Ciabatta 171
67. Kanapka z glazurowanymi grzybami Portobello 173
68. Kanapka Tofu Banh Mi Ciabatta 175
69. Kanapka z włoską kiełbasą i papryką Ciabatta 177
70. Kanapka ze stekiem Ciabatta 179
71. Kanapka Ciabatta Prosciutto 181

CIABATTA NADZIEWANA **183**
   72. Ciabatta nadziewana caprese 184
   73. Ciabatta nadziewana szpinakiem i karczochami 186
   74. Ciabatta nadziewana śródziemnomorską 188
   75. Chleb Ciabatta z trzema serami 190
   76. Włoskie Klopsiki Nadziewane Ciabatta 192
   77. Cajun Krewetki Nadziewane Ciabatta 194
   78. Serowy chleb ciabatta ze szpinakiem i karczochami 196
   79. Szarpana wieprzowina z grilla nadziewana Ciabatta 198
   80. Kurczak Cezar Nadziewany Ciabatta 200
   81. Chleb Ciabatta z czosnkiem i ziołami 202
   82. Ciabatta nadziewana taco 204
   83. Pieczeń Wołowa i Chrzan Faszerowana Ciabatta 206
   84. Ciabatta nadziewana kurczakiem bawolym 208
   85. Ciabatta z kurczakiem nadziewanym pesto 210
   86. Serowy chleb ciabatta Jalapeño Popper 212
   87. Ciabatta z wędzonym łososiem i serkiem śmietankowym ... 214
   88. BLT Ciabatta Nadziewana 216
   89. Sałatka Jajeczna Nadziewana Ciabatta 218
   90. Ciabatta nadziewana warzywami i hummusem 220
   91. Ciabatta truskawkowa 222
   92. Rys. Ciabatta 224
   93. Ciabatta jabłkowa 226
   94. Brzoskwinia i bazylia Ciabatta 228
   95. Ciabatta z serem malinowo-kozim 230
   96. Winogrono i Gorgonzola Ciabatta 232
   97. Ciabatta gruszkowo-orzechowa 234
   98. Mango Ciabatta 236
   99. Jeżyna i Ricotta Ciabatta 238
   100. Ciabata z szynką, serem i ziołami 240
WNIOSEK **243**

WSTĘP

Witamy w „Najlepszym przewodniku po kreacjach Ciabatta", w którym wyruszamy w podróż mającą na celu opanowanie sztuki wytwarzania ciągnącego się i chrupiącego chleba ciabatta w zaciszu własnego domu. Ciabatta o charakterystycznym ciągnącym się wnętrzu i chrupiącej skórce to ukochany włoski chleb, który podbił serca i podniebienia miłośników pieczywa na całym świecie. W tej książce kucharskiej celebrujemy piękno i wszechstronność ciabatty za pomocą 100 rzemieślniczych przepisów, które zainspirują Cię do zostania mistrzem wypieku chleba.

W tej książce kucharskiej odkryjesz mnóstwo przepisów ukazujących nieograniczone możliwości chleba ciabatta. Od klasycznych bochenków i rustykalnych bułek po innowacyjne kanapki i dekadenckie desery – każdy przepis został opracowany tak, aby podkreślić wyjątkową konsystencję i smak tego ukochanego chleba. Niezależnie od tego, czy jesteś początkującym piekarzem, czy doświadczonym piekarzem, te przepisy poprowadzą Cię przez proces tworzenia autentycznego chleba ciabatta, który może konkurować z tymi, które można znaleźć w rzemieślniczych piekarniach. Tym, co wyróżnia „NAJLEPSZY PRZEWODNIK PO KREACJACH CIABATTA", jest nacisk na rzemiosło i technikę. Dzięki szczegółowym instrukcjom, pomocnym wskazówkom i przewodnikom krok po kroku poznasz sekrety osiągnięcia idealnej równowagi pomiędzy ciągliwością i chrupkością, która definiuje wspaniały chleb ciabatta. Niezależnie od tego, czy wyrabiasz ciasto ręcznie, czy używasz miksera stojącego, formujesz bochenki czy nacinasz skórkę, każdy krok jest niezbędny do stworzenia doskonałej ciabatty. W tej książce kucharskiej znajdziesz praktyczne porady dotyczące składników, sprzętu i technik pieczenia, które pomogą Ci za każdym razem osiągnąć profesjonalne rezultaty. Niezależnie od tego, czy pieczesz dla rodziny, organizujesz przyjęcie, czy po prostu delektujesz się domowymi przekąskami, „Przewodnik po najlepszych ciastach Ciabatta" pozwoli Ci uwolnić swoją kreatywność i stać się mistrzem wypieku chleba we własnej kuchni.

KLASYCZNA CIABATA

1. Podstawowa ciabatta

SKŁADNIKI:
- 4 szklanki mąki chlebowej
- 2 łyżeczki drożdży instant
- 2 łyżeczki soli
- 1 ½ szklanki letniej wody
- Oliwa z oliwek (do smarowania)

INSTRUKCJE:
a) W dużej misce wymieszaj mąkę chlebową, drożdże instant i sól. Dobrze wymieszaj.
b) Stopniowo dodawaj letnią wodę do suchych składników i mieszaj łyżką lub rękami, aż powstanie lepkie ciasto.
c) Przykryj miskę czystym ręcznikiem kuchennym i odstaw ciasto na około 15 minut.
d) Po odpoczynku lekko nasmaruj czystą powierzchnię roboczą i dłonie, aby zapobiec przyklejaniu się. Ciasto przełożyć na powierzchnię.
e) Rozpocznij wyrabianie ciasta, składając je na siebie, rozciągając i ponownie składając. Powtarzaj ten proces przez około 10-15 minut lub do momentu, aż ciasto stanie się gładkie, elastyczne i mniej lepkie.
f) Zagniecione ciasto włóż do miski lekko naoliwionej, przykryj ręcznikiem kuchennym i odstaw do wyrośnięcia w ciepłym miejscu na około 1-2 godziny lub do momentu, aż podwoi swoją objętość.
g) Gdy ciasto wyrośnie, delikatnie przenieś je na posypaną mąką powierzchnię. Uważaj, aby nie opróżnić go zbyt mocno.
h) Ciasto podzielić na dwie równe części i z każdej uformować wydłużony owalny kształt, przypominający pantofelek lub sandał. Ułożyć bochenki na blasze wyłożonej papierem do pieczenia.
i) Przykryj bochenki ręcznikiem kuchennym i pozostaw je do wyrośnięcia na kolejne 30-45 minut lub do momentu, aż wyraźnie powiększą się.
j) Rozgrzej piekarnik do 220°C (425°F).
k) Opcjonalnie: Za pomocą ostrego noża lub żyletki wykonaj ukośne nacięcia na górze każdego bochenka, aby stworzyć rustykalny wzór.

l) Włóż blachę do pieczenia z bochenkami do nagrzanego piekarnika i piecz przez około 20-25 minut lub do momentu, aż chleb stanie się złotobrązowy i będzie wydawał głuchy dźwięk przy postukiwaniu od spodu.
m) Po upieczeniu wyjmij ciabattę z piekarnika i poczekaj, aż ostygnie na metalowej kratce przed pokrojeniem i podaniem.

2.Żyto Ciabatta

SKŁADNIKI:

- 7 uncji (200 g) zakwas pszenny
- ½ szklanki (50 g) drobnej mąki żytniej
- 4 szklanki (500 g) mąki pszennej
- około. 1⅔ szklanki (400 ml) wody o temperaturze pokojowej
- ½ łyżki (10 g) soli
- oliwa z oliwek do miski

INSTRUKCJE:

a) Wszystkie składniki oprócz soli wymieszać i dobrze zagnieść. Dodaj sól.
b) Ciasto włożyć do natłuszczonej miski do miksowania. Przykryj folią plastikową i pozostaw ciasto w lodówce na noc.
c) Następnego dnia delikatnie wyłóż ciasto na blat do pieczenia.
d) Złożyć ciasto i pozostawić w lodówce na około 5 godzin, zawijając ciasto ponownie co godzinę.
e) Wlać ciasto na stół. Pokrój go na kawałki o wymiarach około 10 × 15 cm i umieść je na natłuszczonej blasze do pieczenia. Pozostawiamy je w lodówce na kolejne 10 godzin. Dlatego przygotowanie tego chleba zajmuje około 2 dni.
f) Początkowa temperatura piekarnika: 475°F (250°C)
g) Włóż bochenki do piekarnika. Wylej szklankę wody na dno piekarnika. Zmniejsz temperaturę do 210°C i piecz przez około 15 minut.
h) Zagnieść ciasto i pozostawić w lodówce na około 5 godzin. W tym czasie powtarzaj składanie raz na godzinę.
i) Ciasto wyłożyć na posypaną mąką powierzchnię i rozciągnąć.
j) Ciasto pokroić na kawałki o wymiarach około 2 × 6 cali (10 × 15 cm).

3.Chleb Ciabatta na Zakwasie

SKŁADNIKI:
- 360 gramów (około 1,5 szklanki) wody
- 12 gramów (około 2 łyżeczki) soli
- 100 gramów (około 1/2 szklanki) aktywnego zakwasu
- 450 gramów (około 3,5 szklanki) mąki chlebowej

INSTRUKCJE:
MIESZAJ CIASTO:
a) Umieść wodę w dużej misce. Dodać sól i krótko wymieszać.
b) Dodać starter i krótko wymieszać do połączenia. Dodaj mąkę i mieszaj, aż uzyskasz mokrą, lepką kulę ciasta. W razie potrzeby krótko zagniataj rękoma, aby wymieszać mąkę. Przykryj ściereczką lub miseczką i odstaw na 30 minut.
c) Rozciąganie i składanie: Mokrymi rękami chwyć jedną stronę ciasta i pociągnij do góry, do środka. Obróć miskę o ćwierć obrotu i powtórz chwytanie i ciągnięcie. Rób to, aż wykonasz pełne koło.
d) Przykryj miskę. Powtórz ten proces jeszcze trzy razy w 30-minutowych odstępach, aby uzyskać w sumie 4 zestawy rozciągań i fałd w ciągu dwóch godzin.

FERMENTACJA luzem:
e) Ciasto przełożyć do naczynia o prostych ściankach. Przykryj naczynie ręcznikiem. Pozostawić do wyrośnięcia w temperaturze pokojowej, aż ciasto prawie podwoi swoją objętość (należy zwiększyć objętość o 75%). Czasy będą się różnić w zależności od środowiska i siły rozrusznika.
f) Przykryj naczynie pokrywką (najlepiej) lub ręcznikiem (jeśli używasz ręcznika, wierzch ciasta posmaruj olejem, aby zapobiec jego wyschnięciu). Włóż do lodówki na 12-24 godziny.

KSZTAŁT:
g) Wyjmij naczynie z lodówki. Zdjąć pokrywę. Wierzch ciasta obficie posyp mąką. Wyłóż ciasto na posypaną mąką powierzchnię roboczą. Rozwałkuj ciasto na prostokąt.
h) Posyp wierzch mąką. Za pomocą skrobaczki stołowej przetnij ciasto na pół w pionie. Następnie wykonaj trzy nacięcia w równych odstępach w każdej połowie, aby utworzyć 8 małych prostokątów.

i) Blachę wyłóż papierem pergaminowym. Opruszonymi mąką dłońmi przenieś każdy prostokąt na przygotowaną patelnię, delikatnie wyciągając na zewnątrz. Przykryj patelnię ręcznikiem. Odstaw na godzinę.

UPIEC:
j) Rozgrzej piekarnik do 475°F. Przełóż blachę do piekarnika i piecz przez 10 minut. Zmniejsz temperaturę do 450°F, obróć patelnię i piecz jeszcze przez 10 minut. Wyjmij patelnię z piekarnika.

k) Przenieś bułki ciabatta na kratkę do studzenia. Pozostawić do ostygnięcia na 20 do 30 minut przed pokrojeniem.

4. Roladki Ciabatta

SKŁADNIKI:
- 1 łyżeczka drożdży instant
- 240 gramów wody o temperaturze pokojowej (około 1 szklanka)
- 300 gramów mąki uniwersalnej (około 2,5 szklanki)
- 1 łyżeczka soli

INSTRUKCJE:
PRZYGOTOWANIE CIASTA (CZAS WYROSTU 1 GODZINA):
a) W małej filiżance rozpuścić drożdże instant w letniej wodzie i wymieszać do połączenia (mieszanina powinna zacząć bąbelkować i wydzielać drożdżowy aromat). Pozostaw na 2 minuty.
b) W dużej misce dodaj mąkę i sól. Wlać mieszaninę drożdży i wymieszać do całkowitego połączenia, zdrapując boki miski (nie powinno być widocznych cząstek suchej mąki). Mieszanka jest bardzo lepka i mokra, o uwodnieniu 80% (stosunek mąki do wody).
c) Przykryj miskę folią spożywczą i pozostaw ją w temperaturze pokojowej na 1 godzinę

ROZCIĄGNIJ I ZŁÓŻ ciasto (czas wyrośnięcia 1,5 godz.):
d) Nałóż trochę wody na dłonie, rozciągnij i złóż ciasto w misce, zaginając krawędzie do środka, jedna krawędź po drugiej. Mokre ręce ułatwiają pracę z ciastem, a złożenie wszystkich 4 stron powinno zająć Ci mniej niż minutę. Przykryj folią spożywczą i odstaw ciasto na 30 minut.
e) Powtórz ten etap rozciągania i składania, następnie przykryj folią i odstaw ciasto na kolejne 30 minut. Następnie powtórz etap rozciągania i składania po raz ostatni i odstaw na kolejne 30 minut. Po 3 rundach rozciągania i składania z 30-minutowymi okresami odpoczynku ciasto wyrośnie i zwiększy swoją objętość około dwukrotnie.

Uformuj ciasto (czas wyrośnięcia: 40 MINUT):
f) Ciasto przełożyć na posypaną mąką powierzchnię. Należy pamiętać, że ciasto nadal będzie bardzo klejące i to jest w porządku. Ciasto podsypujemy odrobiną mąki i formujemy prostokąt delikatnie wyciągając ciasto od spodu. Uważaj, aby nie docisnąć ciasta, ponieważ uwięzione w nim otwory wentylacyjne mogą zostać wyciśnięte.

g) Zwiń ciasto w wałek i dociśnij brzeg, aby go złączyć. Podziel rozwałkowane ciasto na 4-5 równych części i umieść każdy kawałek w odległości co najmniej dwóch cali od siebie na dobrze posypanej mąką powierzchni roboczej. Ciasto odstawiamy na około 40 minut. Nazywa się to ostatecznym sprawdzeniem.

PIEC ROLKI CIABATTA:
h) Ostrożnie przenieś każde ciasto na wyłożoną pergaminem blachę do pieczenia o wymiarach 8 x 12 cali. Ponieważ ciasto jest nadal dość klejące, podsyp je mąką, aby ułatwić sobie wyrabianie ciasta. Odłożyć na bok.
i) Napełnij formę do pieczenia wodą i umieść ją na dnie piekarnika. Rozgrzej piekarnik do 420 F i pozwól mu napełnić się parą z wody. Gdy piekarnik będzie gotowy, wsuń blachę do pieczenia i natychmiast spryskaj ciasto wodą. Piec przez 20 minut.
j) Pozwól chlebowi ostygnąć przez 20 minut.
k) Aby sprawdzić, czy chleb jest upieczony, możesz dotknąć palcem jego dolnej części. Po upieczeniu chleb będzie wydawał pusty dźwięk.

5. Maszyna do pieczenia chleba Ciabatta

SKŁADNIKI:
DUŻA
- ⅛ łyżeczki drożdży instant lub maszynowych
- ½ szklanki (114 g) wody, ostudzić
- 1 szklanka (120 g) niebielonej mąki uniwersalnej

CIASTO CIABATA
- ½ szklanki (114 g) wody, ostudzić
- ¼ szklanki (57 g) mleka, ostudzonego
- 1 ½ łyżeczki soli kuchennej lub morskiej
- 2 szklanki (240 g) niebielonej mąki uniwersalnej
- ½ łyżeczki drożdży instant lub maszynowych
- mąka lub kasza manna do oprószenia deski i rąk

INSTRUKCJE:
MIESZANIE BIGI

a) Połącz ⅛ łyżeczki drożdży instant lub drożdży wyrabianych z maszyn do pieczenia chleba, ½ szklanki (114 g) wody, ostudź i 1 szklankę (120 g) niebielonej mąki uniwersalnej w misce maszyny do pieczenia chleba. (Jeśli nie chcesz wiązać maszyny do pieczenia chleba na tak długo, użyj innego pojemnika.) Wybierz program CIASTO i włącz go na około 5 minut, aby wymieszać składniki. Za pomocą małej szpatułki zeskrob nadmiar mąki z rogów do mokrej mieszanki mąki. Wyłącz lub odłącz urządzenie i pozostaw na 12-24 godziny.

b) Jeśli biga nie zostanie wykorzystana w ciągu 24 godzin, włóż spienioną mieszaninę do lodówki. Smak będzie się tylko poprawiał – do 3-4 dni. Zanim przejdziesz do następnego kroku, poczekaj, aż biga osiągnie temperaturę pokojową.

MIESZANIE CIASTA CIABATA

c) W podanej kolejności dodać ½ szklanki (114 g) ostudzonej wody, ¼ szklanki (57 g) ostudzonego mleka, 1½ łyżeczki soli kuchennej lub morskiej, 2 szklanki (240 g) niebielonej mąki uniwersalnej i ½ łyżeczki błyskawicznego lub chleba drożdże maszynowe do bigi w maszynie do chleba.

d) Wybierz cykl CIASTO i naciśnij przycisk Start. Po 15-20 minutach otwórz pokrywkę i sprawdź ciasto. Ciasto powinno zacząć wyglądać

błyszcząco, ale nadal będzie lepkie. Ciasto będzie owinąć się wokół łopatki.
e) Jeśli ciasto w ogóle nie klei się do boków, dodawaj po 1 łyżce wody. Jeśli ciasto wygląda bardziej jak gęste ciasto naleśnikowe, dodawaj dodatkową mąkę po 1 łyżce na raz. Jeśli poprawnie zważyłeś mąkę, mamy nadzieję, że żadne korekty nie będą konieczne.
f) Po zakończeniu ugniatania wyjmij patelnię z urządzenia. Nie pozwól, aby cykl CIASTA zakończył się tak, jak zwykle.
g) Lekko spryskaj olejem 3-litrowy kwadratowy lub prostokątny pojemnik. Za pomocą pędzla lub dłoni posmaruj wnętrze pojemnika.
h) Za pomocą natłuszczonej szpatułki usuń lepkie ciasto z formy wypiekacza do dobrze natłuszczonego plastikowego pojemnika. Nasmaruj oliwą wszystkie powierzchnie ciasta, przewracając je szpatułką.
i) Przykryj i pozwól, aby ciasto wyrosło w temperaturze pokojowej. Nie próbuj się spieszyć. Niech ciasto wzrośnie, aż podwoi się. To zajmuje godzinę lub dłużej, jeśli w pomieszczeniu jest zimno.
j) Za pomocą natłuszczonej szpatułki wsuń ciasto pod ciasto w rogach i unieś każdy róg i każdą stronę do góry i do środka.
k) Przykryj i odstaw na 30 minut.
l) Powtórz poprzedni krok, aby unieść rogi ciasta do środka. Ponownie odstaw ciasto na 30 minut. Pomaga to zapewnić dziurawą teksturę

FORMUŁOWANIE CIASTA CIABATTA
m) Do posypania mąką deski i rąk użyj mąki lub kaszy manny. Opróżnij ciasto, odwracając pojemnik do góry nogami na deskę lub powierzchnię roboczą. Ciasto powinno mieć ten sam kwadratowy lub prostokątny kształt, co pojemnik, w którym wyrastało. NIE UDERZAJ CIASTA tak, jak zwykłe ciasto na chleb.
n) Spryskaj lub posmaruj skrobaczkę stołową (lub duży nóż) oliwą z oliwek. Za jego pomocą podziel prostokąt ciasta na pół wzdłuż.
o) Złap długie wewnętrzne krawędzie każdego bochenka za pomocą naoliwionej skrobaczki stołowej i wyciągnij go ponad górę mniej więcej do połowy w kierunku zewnętrznej krawędzi. Dzięki temu pomiędzy każdym bochenkiem pozostaje więcej miejsca.

p) Teraz chwyć zewnętrzną krawędź każdego bochenka (tego, który wygląda, jakby miał w tym momencie spaść z blachy) za pomocą skrobaczki stołowej. Ponownie przeciągnij go nad bochenek mniej więcej do połowy w kierunku środka blachy.

q) Wyprostuj i oczyść kształt nożem stołowym. Dobrze natłuszczonymi lub posypanymi mąką palcami (jakbyś grał na pianinie) wykonaj wgłębienia na powierzchni ciasta.

DRUGIE WYROSTY I PIECZENIE

r) Jeśli używasz maty silikonowej, przenieś lub przeciągnij matę z uformowanymi bochenkami na blachę do pieczenia bez krawędzi.

s) Jeśli nie używasz maty silikonowej, obficie posypanymi mąką rękami ostrożnie przenieś dwa walce ciasta na przygotowaną blachę.

t) Przykryj bochenki, aby ciasto nie wyschło i nie utworzyła się skórka. Można również spryskać olejem duży kawałek folii i przykryć nim bochenki.

u) Rozgrzej piekarnik do 230°C (450°F).

v) Pozwól bochenkom odpocząć przez około 30-45 minut lub do momentu, aż staną się puszyste.

w) Spryskaj bochenki wodą za pomocą butelki ze spryskiwaczem. Piec w temperaturze 230°C przez 18-20 minut. Spryskaj bochenki jeszcze raz lub dwa razy w ciągu pierwszych 5 minut pieczenia. Zrób to szybko, aby piekarnik nie stracił zbyt dużo ciepła.

x) Bochenki są upieczone, gdy skórka jest złotobrązowa, a temperatura wewnętrzna osiąga 210°F (98°C).

y) Pozwól bochenkom ostygnąć na kratce przez co najmniej godzinę przed pokrojeniem.

6.Ryż Ciabatta

SKŁADNIKI:
BEZGLUTENOWA UNIWERSALNA MIESZANKA MĄK
- 6 szklanek mielonej na kamieniu białej mąki ryżowej
- 3 1/4 szklanki mąki sorgo
- 1 3/4 szklanki mąki lub skrobi z tapioki
- 1 1/4 szklanki skrobi ziemniaczanej
- 1/4 szklanki gumy ksantanowej lub proszku z łuski psyllium

CHLEB BEZGLUTENOWY CIABATTA
- 6 1/2 szklanki bezglutenowej uniwersalnej mieszanki mąki
- 1 łyżka drożdży instant lub suszonych drożdży aktywnych
- 1 do 1 1/2 łyżki grubej soli koszernej
- 2 łyżki rafinowanego cukru
- 3 3/4 szklanki letniej wody
- pergamin lub mąka kukurydziana

INSTRUKCJE:
BEZGLUTENOWA UNIWERSALNA MIESZANKA MĄK
a) Ubij i wymieszaj składniki w pojemniku z pokrywką o pojemności od 5 do 6 litrów.
b) Zakończ, podnosząc pojemnik i energicznie potrząsając, aż mąki zostaną całkowicie wymieszane.
CHLEB BEZGLUTENOWY CIABATTA
c) W misce lub mikserze stojącym o pojemności od 5 do 6 litrów wymieszaj mąkę, drożdże, sól i cukier.
d) Dodaj letnią wodę — letnia woda (30°F) pozwoli ciastu wyrosnąć do odpowiedniego punktu do przechowywania w ciągu około 2 godzin.
e) Mieszaj za pomocą łopatki miksera, aż mieszanina będzie bardzo gładka, przez około jedną minutę. Alternatywnie, używając łyżki lub szpatułki, dobrze wymieszaj ręcznie przez jedną do dwóch minut. Ugniatanie nie jest konieczne. Przenieść mieszaninę do zamykanego (nieszczelnego) pojemnika na żywność.
f) Przykryj pokrywką, która dobrze pasuje do pojemnika, ale można ją otworzyć, przez co nie jest całkowicie szczelna. Folia plastikowa też jest w porządku. Pozostawić mieszaninę do wyrośnięcia w temperaturze pokojowej na około 2 godziny; następnie przechowuj w lodówce i używaj przez następne 10 dni. Część ciasta można wykorzystać w dowolnym momencie po 2-godzinnym wyrośnięciu. Całkowicie schłodzone mokre ciasto jest mniej lepkie i łatwiejsze w obróbce niż ciasto w temperaturze pokojowej, ale cokolwiek robisz, nie uderzaj ciasta – nie jest to konieczne w przypadku pieczenia chleba bezglutenowego.
g) W dniu pieczenia: oderwij kawałek ciasta o wadze 1 funta (wielkości grejpfruta), a następnie połóż go na pizzy przygotowanej z dużą ilością mąki kukurydzianej lub na dużym kawałku papieru pergaminowego. Delikatnie wciśnij ciasto w wydłużony owal o grubości 3/4 cala i wymiarach około 9 cali na 5 cali. Do wygładzenia powierzchni używaj mokrych palców. Posyp wierzch mąką ryżową i przykryj luźno folią lub odwróconą miską.
h) Pozostawić do ostygnięcia w temperaturze pokojowej na 30 minut. Po 30 minutach ciasto nie będzie wyglądać, jakby wyrosło – jest

to normalne. Zdejmij plastikową folię i posyp mąką, jeśli większość odeszła lub została wchłonięta.

i) Gdy ciasto odpoczywa, rozgrzej kamień do pieczenia lub stal do pieczenia w pobliżu środka piekarnika, ustaw na 200°C na 30 minut. Alternatywnie, rozgrzej holenderski piekarnik z pokrywką przez 45 minut w temperaturze 150°F. Jeśli używasz kamienia lub stali, umieść pustą metalową tacę na brojlery do przechowywania wody na półce pod kamieniem lub stalą.

j) Przełóż bochenek na rozgrzany kamień. Szybko i ostrożnie wlej 1 szklankę gorącej wody z kranu do metalowej tacy na brojlery i zamknij drzwiczki piekarnika, aby zatrzymać parę. Jeśli używasz papieru pergaminowego na stali lub kamieniu, usuń go po 20 minutach. Piec bochenek łącznie przez 35 minut. Alternatywnie możesz użyć kawałka papieru pergaminowego jako uchwytów i ostrożnie włożyć papier pergaminowy pokryty ciastem do nagrzanego garnka. Przykryj i włóż do piekarnika. W przypadku holenderskiego piekarnika nie ma potrzeby stosowania łaźni parowej. Jeśli używasz nagrzanego naczynia, zdejmij pokrywkę po 30 minutach i piecz jeszcze 5 minut bez przykrycia lub do momentu, aż skórka mocno się zarumieni.

k) Pozostaw chleb do całkowitego ostygnięcia na około 2 godziny na metalowej kratce. Chleb bezglutenowy wymaga pełnych dwóch godzin chłodzenia, aby całkowicie stwardniał.

l) Pozostałe ciasto przechowuj w lodówce w zamkniętym lub luźno owiniętym plastikiem pojemniku i wykorzystaj przez następne 10 dni. Jeżeli pojemnik nie jest wentylowany, należy pozwolić na ucieczkę gazów, pozostawiając pokrywę uchyloną przez pierwsze kilka dni w lodówce. Po tym czasie można go zamknąć.

7. Ciabatta z mąki migdałowej

SKŁADNIKI:
- 2 szklanki mąki migdałowej
- 1/2 szklanki mąki kokosowej
- 2 1/4 łyżeczki aktywnych suchych drożdży (1 opakowanie)
- 1 łyżeczka soli
- 1 1/2 szklanki ciepłej wody
- 1 łyżka miodu (lub innego słodzika)
- 2 łyżki oliwy z oliwek
- 1 łyżeczka gumy ksantanowej (opcjonalnie)

INSTRUKCJE:
a) W dużej misce wymieszaj mąkę migdałową, mąkę kokosową, aktywne suche drożdże i sól. Dobrze je wymieszaj.
b) W osobnej misce wymieszaj ciepłą wodę, miód (lub wybrany słodzik) i oliwę z oliwek. Mieszaj, aż miód się rozpuści.
c) Mokrą mieszaninę wlać do suchych składników i wymieszać, aż powstanie ciasto. Jeśli chcesz, możesz w tym miejscu dodać gumę ksantanową, aby uzyskać lepszą konsystencję, ale jest to opcjonalne.
d) Gdy ciasto będzie dobrze wymieszane, uformuj je w kształt ciabatty na blasze wyłożonej papierem do pieczenia.
e) Rozgrzej piekarnik do 175°C (350°F).
f) Odstawiamy ciabattę do wyrośnięcia na około 20 minut. Można na ten czas przykryć je czystym ręcznikiem kuchennym.
g) Po okresie wyrastania piecz ciabattę w nagrzanym piekarniku przez około 35-40 minut lub do momentu, aż będzie złotobrązowa z zewnątrz i będzie wydawać głuchy dźwięk przy pukaniu.
h) Przed pokrojeniem i podaniem ciabattę poczekaj, aż ostygnie.

8.Ciabatta z mąki maniokowej

SKŁADNIKI:
- 2 szklanki mąki z manioku
- 1 szklanka mąki z tapioki
- 2 1/4 łyżeczki aktywnych suchych drożdży (1 opakowanie)
- 1 łyżeczka soli
- 1 1/2 szklanki ciepłej wody
- 1 łyżka cukru
- 2 łyżki oliwy z oliwek
- 1 łyżeczka gumy ksantanowej (opcjonalnie)

INSTRUKCJE:

a) W dużej misce wymieszaj mąkę z manioku, mąkę z tapioki, aktywne suche drożdże i sól. Dokładnie je wymieszaj.
b) W osobnej misce wymieszaj ciepłą wodę, cukier i oliwę z oliwek. Mieszaj, aż cukier całkowicie się rozpuści.
c) Mokrą mieszaninę wlać do miski z suchymi składnikami i wymieszać, aż powstanie ciasto. Jeśli chcesz, możesz w tym miejscu dodać gumę ksantanową, aby poprawić konsystencję, ale jest to opcjonalne.
d) Po dokładnym wymieszaniu ciasta uformuj z niego ciabattę na blaszce wyłożonej papierem do pieczenia.
e) Rozgrzej piekarnik do 175°C (350°F).
f) Pozostaw ciabattę do wyrośnięcia na około 20 minut. Można na ten czas przykryć je czystym ręcznikiem kuchennym.
g) Po okresie wyrastania piecz ciabattę w nagrzanym piekarniku przez około 35-40 minut lub do momentu, aż będzie złotobrązowa na zewnątrz i będzie wydawać głuchy dźwięk przy pukaniu.
h) Przed pokrojeniem i podaniem ciabattę należy ostudzić.

9. Ciabatta z mąki z ciecierzycy

SKŁADNIKI:
- 2 szklanki mąki z ciecierzycy
- 1/2 szklanki skrobi ziemniaczanej
- 2 1/4 łyżeczki aktywnych suchych drożdży (1 opakowanie)
- 1 łyżeczka soli
- 1 1/2 szklanki ciepłej wody
- 1 łyżka cukru
- 2 łyżki oliwy z oliwek
- 1 łyżeczka gumy ksantanowej (opcjonalnie)

INSTRUKCJE:
a) W dużej misce wymieszaj mąkę z ciecierzycy, skrobię ziemniaczaną, aktywne suche drożdże i sól. Dokładnie je wymieszaj.
b) W osobnej misce wymieszaj ciepłą wodę, cukier i oliwę z oliwek. Mieszaj, aż cukier całkowicie się rozpuści.
c) Mokrą mieszaninę wlać do miski z suchymi składnikami i wymieszać, aż powstanie ciasto. Jeśli chcesz, możesz w tym miejscu dodać gumę ksantanową, aby poprawić konsystencję, ale jest to opcjonalne.
d) Po dokładnym wymieszaniu ciasta uformuj z niego ciabattę na blaszce wyłożonej papierem do pieczenia.
e) Rozgrzej piekarnik do 175°C (350°F).
f) Pozostaw ciabattę do wyrośnięcia na około 20 minut. Można na ten czas przykryć je czystym ręcznikiem kuchennym.
g) Po okresie wyrastania piecz ciabattę w nagrzanym piekarniku przez około 35-40 minut lub do momentu, aż będzie złotobrązowa na zewnątrz i będzie wydawać głuchy dźwięk przy pukaniu.
h) Przed pokrojeniem i podaniem ciabattę należy ostudzić.

10. Ciabatta z mąki gryczanej

SKŁADNIKI:
- 2 szklanki mąki gryczanej
- 1 szklanka mąki z brązowego ryżu
- 2 1/4 łyżeczki aktywnych suchych drożdży (1 opakowanie)
- 1 łyżeczka soli
- 1 1/2 szklanki ciepłej wody
- 1 łyżka miodu (lub innego słodzika)
- 2 łyżki oliwy z oliwek
- 1 łyżeczka gumy ksantanowej (opcjonalnie)

INSTRUKCJE:
a) W dużej misce wymieszaj mąkę gryczaną, mąkę z brązowego ryżu, aktywne suche drożdże i sól. Dokładnie je wymieszaj.
b) W osobnej misce wymieszaj ciepłą wodę, miód (lub wybrany słodzik) i oliwę z oliwek. Mieszaj, aż miód całkowicie się rozpuści.
c) Mokrą mieszaninę wlać do miski z suchymi składnikami i wymieszać, aż powstanie ciasto. Jeśli chcesz, możesz w tym miejscu dodać gumę ksantanową, aby poprawić konsystencję, ale jest to opcjonalne.
d) Po dokładnym wymieszaniu ciasta uformuj z niego ciabattę na blaszce wyłożonej papierem do pieczenia.
e) Rozgrzej piekarnik do 175°C (350°F).
f) Pozostaw ciabattę do wyrośnięcia na około 20 minut. Można na ten czas przykryć je czystym ręcznikiem kuchennym.
g) Po okresie wyrastania piecz ciabattę w nagrzanym piekarniku przez około 35-40 minut lub do momentu, aż będzie złotobrązowa na zewnątrz i będzie wydawać głuchy dźwięk przy pukaniu.
h) Przed pokrojeniem i podaniem ciabattę należy ostudzić.

11. Ciabatta z mąki teffowej

SKŁADNIKI:
- 2 szklanki mąki teff
- 1 szklanka mąki z tapioki
- 2 1/4 łyżeczki aktywnych suchych drożdży (1 opakowanie)
- 1 łyżeczka soli
- 1 1/2 szklanki ciepłej wody
- 1 łyżka cukru
- 2 łyżki oliwy z oliwek
- 1 łyżeczka gumy ksantanowej (opcjonalnie)

INSTRUKCJE:
a) W dużej misce wymieszaj mąkę teff, mąkę z tapioki, aktywne suche drożdże i sól. Dokładnie je wymieszaj.
b) W osobnej misce wymieszaj ciepłą wodę, cukier i oliwę z oliwek. Mieszaj, aż cukier całkowicie się rozpuści.
c) Mokrą mieszaninę wlać do miski z suchymi składnikami i wymieszać, aż powstanie ciasto. Jeśli chcesz, możesz w tym miejscu dodać gumę ksantanową, aby poprawić konsystencję, ale jest to opcjonalne.
d) Po dokładnym wymieszaniu ciasta uformuj z niego ciabattę na blaszce wyłożonej papierem do pieczenia.
e) Rozgrzej piekarnik do 175°C (350°F).
f) Pozostaw ciabattę do wyrośnięcia na około 20 minut. Można na ten czas przykryć je czystym ręcznikiem kuchennym.
g) Po okresie wyrastania piecz ciabattę w nagrzanym piekarniku przez około 35-40 minut lub do momentu, aż będzie złotobrązowa na zewnątrz i będzie wydawać głuchy dźwięk przy pukaniu.
h) Przed pokrojeniem i podaniem ciabattę należy ostudzić.

12. Ciabatta z mąki z sorgo

SKŁADNIKI:

- 2 szklanki mąki sorgo
- 1 szklanka skrobi ziemniaczanej
- 2 1/4 łyżeczki aktywnych suchych drożdży (1 opakowanie)
- 1 łyżeczka soli
- 1 1/2 szklanki ciepłej wody
- 1 łyżka cukru
- 2 łyżki oliwy z oliwek
- 1 łyżeczka gumy ksantanowej (opcjonalnie)

INSTRUKCJE:

a) W dużej misce wymieszaj mąkę sorgo, skrobię ziemniaczaną, aktywne suche drożdże i sól. Dokładnie je wymieszaj.
b) W osobnej misce wymieszaj ciepłą wodę, cukier i oliwę z oliwek. Mieszaj, aż cukier całkowicie się rozpuści.
c) Mokrą mieszaninę wlać do miski z suchymi składnikami i wymieszać, aż powstanie ciasto. Jeśli chcesz, możesz w tym miejscu dodać gumę ksantanową, aby poprawić konsystencję, ale jest to opcjonalne.
d) Po dokładnym wymieszaniu ciasta uformuj z niego ciabattę na blasze wyłożonej papierem do pieczenia.
e) Rozgrzej piekarnik do 175°C (350°F).
f) Pozostaw ciabattę do wyrośnięcia na około 20 minut. Można na ten czas przykryć je czystym ręcznikiem kuchennym.
g) Po okresie wyrastania piecz ciabattę w nagrzanym piekarniku przez około 35-40 minut lub do momentu, aż będzie złotobrązowa na zewnątrz i będzie wydawać głuchy dźwięk przy pukaniu.
h) Przed pokrojeniem i podaniem ciabattę należy ostudzić.

OWOCOWA CIABATA

13.Pizza Ciabatta z Gruszką i Gorgonzolą

SKŁADNIKI:
- 1 porcja podstawowego ciasta na ciabattę
- 2 dojrzałe gruszki, pokrojone w cienkie plasterki
- 1/2 szklanki pokruszonego sera Gorgonzola
- 2 łyżki miodu
- 1/4 szklanki posiekanych orzechów włoskich
- Listki świeżego tymianku do dekoracji

INSTRUKCJE:
a) Rozgrzej piekarnik do 220°C (425°F).
b) Przygotuj podstawowe ciasto na ciabattę według ulubionego przepisu.
c) Gdy ciasto wyrośnie, ugniatamy je i dzielimy na dwie równe części.
d) Każdą porcję ciasta rozwałkować na cienki okrąg na posypanej mąką powierzchni.
e) Rozwałkowane ciasto przekładamy na blachę wyłożoną papierem do pieczenia.
f) Posmaruj równomiernie miodem powierzchnię każdego koła ciasta.
g) Na wierzchu miodu ułóż pokrojone w cienkie plasterki gruszki.
h) Posyp gruszki pokruszonym serem Gorgonzola i posiekanymi orzechami włoskimi.
i) Piec w nagrzanym piekarniku przez 15-20 minut lub do momentu, aż skórka ciabatty będzie złotobrązowa i chrupiąca.
j) Wyjmij z piekarnika i poczekaj, aż lekko ostygnie przed pokrojeniem.
k) Przed podaniem udekoruj listkami świeżego tymianku.

14. Tosty francuskie Ciabatta nadziewane wiśniami i mascarpone

SKŁADNIKI:

- 1 porcja podstawowego ciasta na ciabattę
- 1 szklanka wiśni bez pestek, przekrojonych na połówki
- 4 uncje sera mascarpone
- 4 duże jajka
- 1/2 szklanki mleka
- 2 łyżki granulowanego cukru
- 1 łyżeczka ekstraktu waniliowego
- Syrop klonowy do podania

INSTRUKCJE:

a) Rozgrzej piekarnik do 190°C (375°F).
b) Przygotuj podstawowe ciasto na ciabattę według ulubionego przepisu.
c) Gdy ciasto wyrośnie, ugniatamy je i dzielimy na cztery równe części.
d) Każdą porcję ciasta rozwałkować na mały prostokąt na posypanej mąką powierzchni.
e) Na połowie każdego prostokąta ciasta równomiernie rozsmaruj serek mascarpone.
f) Na serku mascarpone ułożyć połówki wiśni.
g) Złóż drugą połowę ciasta na nadzienie, tworząc kieszonkę i zlep brzegi.
h) W płytkim naczyniu wymieszaj jajka, mleko, cukier granulowany i ekstrakt waniliowy, aby przygotować ciasto na tosty francuskie.
i) Zanurz każdą nadziewaną kieszeń ciabatty w cieście z tostów francuskich, pokrywając obie strony.
j) Nadziewane kieszonki ciabatty układamy na blasze wyłożonej papierem do pieczenia.
k) Piec w nagrzanym piekarniku przez 20-25 minut lub do momentu, aż ciabatta będzie złocistobrązowa i upieczona.
l) Podawać na ciepło z syropem klonowym.

15. Roladki Ciabatta nadziewane jabłkami i cynamonem

SKŁADNIKI:
- 1 porcja podstawowego ciasta na ciabattę
- 2 jabłka, obrane, wydrążone i pokrojone w kostkę
- 2 łyżki niesolonego masła
- 1/4 szklanki brązowego cukru
- 1 łyżeczka mielonego cynamonu
- 1/4 łyżeczki mielonej gałki muszkatołowej
- 1 łyżka soku z cytryny
- Cukier puder do posypania (opcjonalnie)

INSTRUKCJE:
a) Rozgrzej piekarnik do 190°C (375°F).
b) Przygotuj podstawowe ciasto na ciabattę według ulubionego przepisu.
c) Na patelni, na średnim ogniu, rozpuść masło. Dodaj pokrojone w kostkę jabłka i gotuj, aż zmiękną, około 5-7 minut.
d) Wymieszaj brązowy cukier, mielony cynamon, mieloną gałkę muszkatołową i sok z cytryny. Gotuj przez dodatkowe 2-3 minuty, aż mieszanina będzie karmelizowana i pachnąca. Zdjąć z ognia i lekko ostudzić.
e) Ciasto ciabatta podzielić na małe porcje. Każdą porcję spłaszcz w okrąg.
f) Nałóż masę jabłkową na środek każdego koła ciabatty.
g) Złóż brzegi ciasta ciabatta na nadzienie jabłkowe, ściskając krawędzie, aby je złączyć i uformować kulkę.
h) Nadziewane bułeczki ciabatta układamy na blasze wyłożonej papierem do pieczenia.
i) Piec w nagrzanym piekarniku przez 15-20 minut lub do momentu, aż bułki staną się złotobrązowe i upieczone.
j) Wyjąć z piekarnika i pozostawić do lekkiego przestygnięcia. W razie potrzeby posyp cukrem pudrem przed podaniem.

16. Ciabatta pełnoziarnista z żurawiną i orzechami włoskimi

SKŁADNIKI:

- 1 1/2 szklanki ciepłej wody (110°F lub 45°C)
- 2 1/4 łyżeczki aktywnych suchych drożdży (1 opakowanie)
- 1 łyżeczka cukru
- 3 1/2 szklanki mąki pełnoziarnistej
- 1 1/2 łyżeczki soli
- 1/2 szklanki suszonej żurawiny
- 1/2 szklanki posiekanych orzechów włoskich
- 1 łyżka oliwy z oliwek
- Mąka kukurydziana lub kasza manna (do posypania)

INSTRUKCJE:

a) W małej misce wymieszaj ciepłą wodę, drożdże i cukier. Pozostawić na około 5-10 minut, aż mieszanina zacznie się pienić.
b) W dużej misce wymieszaj mąkę pełnoziarnistą i sól. Zrób wgłębienie na środku mieszanki mąki.
c) Do zagłębienia w mące wlać mieszaninę drożdży i oliwę z oliwek.
d) Mieszaj składniki razem, aż powstanie ciasto.
e) Ciasto wyrabiamy na posypanym mąką blacie przez około 8-10 minut, aż stanie się gładkie i elastyczne. Jeśli ciasto jest zbyt klejące, można dodać trochę więcej mąki.
f) Ciasto włóż do miski lekko naoliwionej, przykryj czystą ściereczką lub folią i odstaw do wyrośnięcia w ciepłym, pozbawionym przeciągów miejscu na około 1 godzinę lub do czasu, aż podwoi swoją objętość.
g) Rozgrzej piekarnik do 230°C (450°F). Włóż kamień do pieczenia lub odwróconą blachę do pieczenia do piekarnika, gdy się nagrzeje. Jeśli masz kamień do pizzy, świetnie sprawdzi się do pieczenia ciabatty.
h) Zagnieść ciasto i podzielić je na dwie równe części.
i) Każdą porcję rozwałkuj na długi i cienki kształt ciabatty. Możesz uformować ciasto rękami lub rozwałkować je na posypanej mąką powierzchni, a następnie przenieść na blachę do pieczenia lub skórkę do pizzy posypaną mąką kukurydzianą lub kaszą manną.
j) Posyp równomiernie suszoną żurawiną i posiekanymi orzechami włoskimi wierzch każdej ciabatty i delikatnie wciśnij je w ciasto.

k) Uformowaną ciabattę przykryj czystą ściereczką i odstaw do ponownego wyrośnięcia na około 20-30 minut.
l) Za pomocą ostrego noża lub żyletki wykonaj ukośne nacięcia na wierzchu ciabatty. Pomaga im to rozwijać i rozwijać klasyczny wygląd ciabatty.
m) Ostrożnie przenieś ciabattę do nagrzanego piekarnika, bezpośrednio na kamień do pieczenia lub na gorącą blachę do pieczenia. Zachowaj ostrożność podczas otwierania piekarnika; jest gorąco!
n) Piec około 25-30 minut lub do czasu, aż ciabatta będzie złocistobrązowa i postukana w spód wyda głuchy dźwięk.
o) Przed pokrojeniem i podaniem ciabattę należy ostudzić na metalowej kratce.

17.Ciabata morelowa z polewą miodową

SKŁADNIKI:
- 2 szklanki mąki
- 1,5 szklanki wody
- 1 łyżeczka drożdży
- 1 łyżka soli
- 10 suszonych moreli namoczonych przez noc w soku pomarańczowym
- 3 łyżki miodu
- 1 łyżka masła
- 1 łyżka płatków migdałowych
- 1 łyżka rodzynek

INSTRUKCJE:
a) Zacznij od zebrania wszystkich składników.
b) Aby ułatwić przygotowanie ciasta, do głębokiej miski wsyp mąkę. Do mąki dodać drożdże i sól, następnie wymieszać i wszystko dokładnie wymieszać.
c) Dodać wodę i dobrze wymieszać z mąką. W tym momencie otrzymasz lepkie ciasto.
d) Miskę z ciastem przykryj folią spożywczą i odstaw na 45 minut.
e) Po 45 minutach zwilż ręce i składaj ciasto na kilka minut. Ciasto może być nadal nieco lepkie. Powtórz ten krok trzy razy, każde powtórzenie oddzielone 45-minutową przerwą.
f) Po ostatnich 45 minutach posyp powierzchnię roboczą mąką i przenieś na nią ciasto. Ciasto również posypujemy odrobiną mąki.
g) Ciasto podzielić na 4 równe części.
h) Weź jedną porcję, naciśnij ją i rozsmaruj, a następnie zwiń w kształt ciabatty. Powtórz ten proces z pozostałymi porcjami.
i) Rozwałkowane ciasto układamy na blaszce wyłożonej papierem do pieczenia lub natłuszczonej tłuszczem. Przykryj ściereczką i odstaw na kolejne 20 minut.
j) Rozgrzej piekarnik do 200 stopni Celsjusza. Gdy piekarnik się nagrzewa, wyjmij serwetkę i lekko spryskaj ciasto wodą. Ostrym nożem wykonaj kilka nacięć na wierzchu ciasta. Piec przez 30 minut.
k) Po 30 minutach będziesz mieć piękną złocistą ciabattę.

l) Teraz przygotujmy morele w glazurze miodowej. Z moreli odlej sok pomarańczowy. Na patelni rozpuść masło, a gdy będzie już gorące, dodaj morele.
m) Smaż morele, aż staną się złotobrązowe po obu stronach.
n) Dodaj miód na patelnię i dobrze wymieszaj, aby uzyskać błyszczącą glazurę dla moreli.
o) Czas złożyć naczynie. Pokrój ciabattę w dowolne kształty i posyp je morelami w miodowej glazurze. Udekoruj płatkami migdałów i rodzynkami.

18. Ciabatta z jagodami i cytryną

SKŁADNIKI:
- 1 opakowanie drożdży
- 1 ½ łyżki miodu
- 1 ¼ szklanki ciepłej wody
- 1 ½ szklanki mąki chlebowej
- 1 ½ szklanki mąki pełnoziarnistej
- 1 łyżeczka soli
- 1 szklanka świeżych jagód
- Skórka z 1 cytryny
- ¼ szklanki soku z cytryny
- Masło (do posmarowania miski)
- 1 jajko (roztrzepane, do posmarowania)

INSTRUKCJE:
a) Rozpuść drożdże i miód w ¼ szklanki ciepłej wody i odstaw, aż zacznie się pienić, około 10 minut.
b) W robocie kuchennym wyposażonym w plastikowe ostrze do ciasta wymieszaj mąkę chlebową, mąkę pełnoziarnistą i sól. Przetwarzaj przez około 30 sekund.
c) Dodaj mieszaninę drożdży do robota kuchennego przy pracującym urządzeniu. Powoli dodaj pozostałą 1 szklankę wody przez rurkę zasilającą. Wyrabiaj, aż ciasto oczyści boki miski i nie będzie już suche, około 1 minuty.
d) Ciasto wyłożyć na lekko posypaną mąką deskę.
e) Zagniataj świeże jagody i skórkę z cytryny przez około 5 minut lub do momentu, aż zostaną równomiernie rozłożone.
f) Dużą miskę posmaruj masłem. Ciasto przełożyć do miski, obracając tak, aby wierzch pokrył się masłem. Przykryj folią i ręcznikiem i odstaw do wyrośnięcia w ciepłym miejscu, aż ciasto podwoi swoją objętość, około 1 do 1-½ godziny.
g) Rozgrzej piekarnik do 220°C (425°F).
h) Ciasto ponownie wyłóż na lekko posypaną mąką stolnicę.
i) Uderz, aby usunąć pęcherzyki powietrza i uformuj ciasto w kształt ciabatty o długości około 15-16 cali.
j) Uformowane ciasto przełożyć na wysmarowaną masłem blachę do pieczenia lub formę do ciabatty.

k) Przykryj folią i ręcznikiem i odstaw do wyrośnięcia, aż ciasto prawie się podwoi, około 45 minut.
l) Posmaruj ciabattę roztrzepanym jajkiem.
m) Piec przez 30 do 40 minut, aż ciabatta dobrze się zarumieni, a przy stukaniu będzie wydawać głuchy dźwięk.
n) W czasie pieczenia ciabatty przygotuj lukier cytrynowy, mieszając sok z cytryny z odrobiną miodu.
o) Gdy ciabatta będzie gotowa, wyjmij ją z piekarnika i natychmiast posmaruj polewą cytrynową, aby dodać odrobinę cytrynowego smaku.
p) Przed pokrojeniem odczekaj kilka minut, aż ciabatta ostygnie.
q) Pokrój ciabattę na pojedyncze porcje i ciesz się ciabattą z jagodami i cytryną.

19. Ciabatta pełnoziarnista z figami i brie

SKŁADNIKI:

- 1 1/2 szklanki ciepłej wody (110°F lub 45°C)
- 2 1/4 łyżeczki aktywnych suchych drożdży (1 opakowanie)
- 1 łyżeczka cukru
- 3 1/2 szklanki mąki pełnoziarnistej
- 1 1/2 łyżeczki soli
- 1/2 szklanki suszonych fig, posiekanych
- 4 uncje sera Brie, pokrojonego w plasterki lub kostkę
- 1 łyżka oliwy z oliwek
- Mąka kukurydziana lub kasza manna (do posypania)

INSTRUKCJE:

a) W małej misce wymieszaj ciepłą wodę, drożdże i cukier. Pozostawić na około 5-10 minut, aż mieszanina zacznie się pienić.
b) W dużej misce wymieszaj mąkę pełnoziarnistą i sól. Zrób wgłębienie na środku mieszanki mąki.
c) Do zagłębienia w mące wlać mieszaninę drożdży i oliwę z oliwek.
d) Mieszaj składniki razem, aż powstanie ciasto.
e) Ciasto wyrabiamy na posypanym mąką blacie przez około 8-10 minut, aż stanie się gładkie i elastyczne. Jeśli ciasto jest zbyt klejące, można dodać trochę więcej mąki.
f) Ciasto włóż do miski lekko naoliwionej, przykryj czystą ściereczką lub folią i odstaw do wyrośnięcia w ciepłym, pozbawionym przeciągów miejscu na około 1 godzinę lub do czasu, aż podwoi swoją objętość.
g) Rozgrzej piekarnik do 230°C (450°F). Włóż kamień do pieczenia lub odwróconą blachę do pieczenia do piekarnika, gdy się nagrzeje. Jeśli masz kamień do pizzy, świetnie sprawdzi się do pieczenia ciabatty.
h) Zagnieść ciasto i podzielić je na dwie równe części.
i) Każdą porcję rozwałkuj na długi i cienki kształt ciabatty. Możesz uformować ciasto rękami lub rozwałkować je na posypanej mąką powierzchni, a następnie przenieść na blachę do pieczenia lub skórkę do pizzy posypaną mąką kukurydzianą lub kaszą manną.
j) Wciśnij równomiernie w ciasto posiekane suszone figi i plasterki lub kostki sera Brie.

k) Uformowaną ciabattę przykryj czystą ściereczką i odstaw do ponownego wyrośnięcia na około 20-30 minut.
l) Za pomocą ostrego noża lub żyletki wykonaj ukośne nacięcia na wierzchu ciabatty. Pomaga im to rozwijać i rozwijać klasyczny wygląd ciabatty.
m) Ostrożnie przenieś ciabattę do nagrzanego piekarnika, bezpośrednio na kamień do pieczenia lub na gorącą blachę do pieczenia. Zachowaj ostrożność podczas otwierania piekarnika; jest gorąco!
n) Piec około 25-30 minut lub do czasu, aż ciabatta będzie złocistobrązowa i postukana w spód wyda głuchy dźwięk.
o) Przed pokrojeniem i podaniem ciabattę należy ostudzić na metalowej kratce.
p) Rozkoszuj się domową ciabattą pełnoziarnistą z figami i brie z zachwycającym połączeniem słodkich fig i kremowego sera Brie!

ZIOŁOWA CIABATA

20.Ciabatta z rozmarynem i czosnkiem

SKŁADNIKI:

- 500 g mocnej białej mąki chlebowej
- 10 g soli
- 7g drożdży instant
- 350ml letniej wody
- 2 łyżki oliwy z oliwek
- 2 ząbki czosnku, posiekane
- 1 łyżka posiekanego świeżego rozmarynu
- Dodatkowa oliwa z oliwek do posmarowania

INSTRUKCJE:

a) W misce wymieszaj mąkę, sól i drożdże. Dodaj wodę i oliwę z oliwek, a następnie ugniataj, aż masa będzie gładka.
b) Przykryj i odstaw do wyrośnięcia, aż podwoi swoją objętość.
c) Rozgrzej piekarnik do 220°C (425°F).
d) Zagnieść ciasto i uformować bochenek ciabatty.
e) Ułożyć na blasze do pieczenia, przykryć i ponownie odstawić do wyrośnięcia.
f) Wymieszaj przeciśnięty przez praskę czosnek i posiekany rozmaryn z odrobiną oliwy z oliwek. Posmaruj powstałą mieszanką wierzch ciabatty.
g) Piec przez 25-30 minut, aż uzyska złoty kolor. Przed pokrojeniem ostudzić na kratce.

21. Ciabatta z czosnkiem i pietruszką

SKŁADNIKI:
- 1 bochenek ciabatty
- ½ szklanki solonego masła
- 4 ząbki czosnku
- 2 łyżki drobno startego parmezanu plus dodatkowa ilość do posypania gorącego pieczywa czosnkowego
- 2 łyżki drobno posiekanej natki pietruszki o płaskich liściach
- ⅛ łyżeczki drobnej soli

INSTRUKCJE:
a) Rozgrzej piekarnik do 220°C i przygotuj dużą blachę do pieczenia.
b) Ciabattę przekrój wzdłuż na pół i ułóż przecięciem do góry na blasze do pieczenia.
c) Obierz i drobno posiekaj ząbki czosnku. Posyp solą, a następnie płaskim ostrzem noża rozgnieć posiekany czosnek. Przejdź przez stertę czosnku, a następnie zeskrob wszystko razem i powtórz. Zrób to kilka razy, aż czosnek stanie się delikatną pastą.
d) W małej misce wymieszaj masło, posiekany czosnek, parmezan i natkę pietruszki.
e) Używając noża paletowego lub podobnego, rozprowadź mieszaninę masła cienką i równą warstwą po naciętej stronie obu połówek chleba.
f) Piec 10-15 minut, aż masło się roztopi i chleb będzie lekko złocistobrązowy. Wyjmij z piekarnika i od razu posyp dodatkowo startym parmezanem. Pokrój w 2-calowe (5 cm) plastry i podawaj na gorąco.

22. Ciabatta rozmarynowa

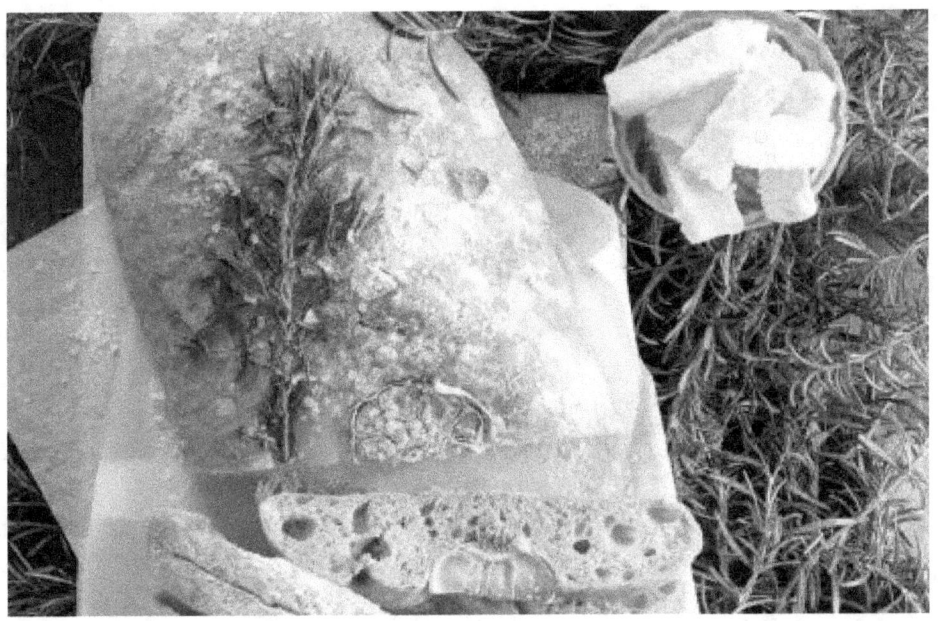

SKŁADNIKI:
- 1 główka czosnku
- 1 łyżeczka soli
- 1 łyżka oliwy z oliwek
- 4 gałązki rozmarynu
- tylko igły
- 1 bochenek ciabatty
- 1 szczypta grubej soli morskiej

INSTRUKCJE:

a) Odetnij górną część główki czosnku (tak, aby było widać ząbki) i umieść ją w ognioodpornym naczyniu.
b) Posypać łyżeczką soli i łyżką oliwy z oliwek.
c) Wstaw na godzinę do piekarnika nagrzanego do 190 stopni Celsjusza.
d) Po wyjęciu czosnku z piekarnika należy go chwilę przestudzić, a następnie wycisnąć czosnek do miski.
e) Dodać 60 ml oliwy z oliwek i dobrze wymieszać.
f) Podnieś temperaturę piekarnika do 225 stopni.
g) Chleb nacinamy nożem, ale nie na wskroś (około 1 cm nad spodem).
h) Posmaruj boki mieszanką czosnku i oliwy z oliwek.
i) Posyp chleb rozmarynem i 1 łyżką grubej soli morskiej. Skropić odrobiną oliwy z oliwek.
j) Włóż chleb do piekarnika i piecz od 20 do 25 minut.
k) Gdy chleb ściemnieje można przykryć go folią aluminiową.

23. Ciabatta pełnoziarnista z rozmarynem

SKŁADNIKI:
- 1 1/2 szklanki ciepłej wody (110°F lub 45°C)
- 2 1/4 łyżeczki aktywnych suchych drożdży (1 opakowanie)
- 1 łyżeczka cukru
- 3 1/2 szklanki mąki pełnoziarnistej
- 1 1/2 łyżeczki soli
- 1 łyżka oliwy z oliwek
- 1 1/2 łyżki świeżego rozmarynu, drobno posiekanego (lub 1 1/2 łyżeczki suszonego rozmarynu)
- Mąka kukurydziana lub kasza manna (do posypania)

INSTRUKCJE:
a) W małej misce wymieszaj ciepłą wodę, drożdże i cukier. Pozostawić na około 5-10 minut, aż mieszanina zacznie się pienić.
b) W dużej misce wymieszaj mąkę pełnoziarnistą, sól i posiekany rozmaryn. Zrób wgłębienie na środku mieszanki mąki.
c) Do zagłębienia w mące wlać mieszaninę drożdży i oliwę z oliwek.
d) Mieszaj składniki razem, aż powstanie ciasto.
e) Ciasto wyrabiamy na posypanym mąką blacie przez około 8-10 minut, aż stanie się gładkie i elastyczne. Jeśli ciasto jest zbyt klejące, można dodać trochę więcej mąki.
f) Ciasto włóż do lekko naoliwionej miski, przykryj czystą ściereczką lub folią i odstaw do wyrośnięcia w ciepłym, pozbawionym przeciągów miejscu na około 1 godzinę lub do czasu, aż podwoi swoją objętość.
g) Rozgrzej piekarnik do 230°C (450°F). Włóż kamień do pieczenia lub odwróconą blachę do pieczenia do piekarnika, gdy się nagrzeje. Jeśli masz kamień do pizzy, świetnie sprawdzi się do pieczenia ciabatty.
h) Zagnieść ciasto i podzielić je na dwie równe części.
i) Każdą porcję rozwałkuj na długi i cienki kształt ciabatty. Możesz uformować ciasto rękami lub rozwałkować je na posypanej mąką powierzchni, a następnie przenieść na blachę do pieczenia lub skórkę do pizzy posypaną mąką kukurydzianą lub kaszą manną.
j) Uformowaną ciabattę przykryj czystą ściereczką i odstaw do ponownego wyrośnięcia na około 20-30 minut.

k) Za pomocą ostrego noża lub żyletki wykonaj ukośne nacięcia na wierzchu ciabatty. Pomaga im to rozwijać i rozwijać klasyczny wygląd ciabatty.
l) Ostrożnie przenieś ciabattę do nagrzanego piekarnika, bezpośrednio na kamień do pieczenia lub na gorącą blachę do pieczenia. Zachowaj ostrożność podczas otwierania piekarnika; jest gorąco!
m) Piec około 25-30 minut lub do czasu, aż ciabatta będzie złocistobrązowa i postukana w spód wyda głuchy dźwięk.
n) Przed pokrojeniem i podaniem ciabattę należy ostudzić na metalowej kratce.
o) Rozkoszuj się domową ciabattą pełnoziarnistą z rozmarynem o wspaniałym aromacie i smaku rozmarynu!

ORZECHOWA CIABATA

24. Ciabatta z orzechami i rodzynkami

SKŁADNIKI:
- 1 opakowanie drożdży
- 1 ½ łyżki miodu
- 1 ¼ szklanki ciepłej wody
- 1 ½ szklanki mąki chlebowej
- 1 ½ szklanki mąki pełnoziarnistej
- 1 łyżeczka soli
- ¾ szklanki połówek orzechów włoskich lub pistacji
- ¾ szklanki porzeczek
- ¼ szklanki złotych rodzynek
- Masło; do powlekania miski
- 1 jajko; ubity, do posmarowania

INSTRUKCJE:

a) Rozpuść drożdże i miód w ¼ szklanki ciepłej wody i odstaw, aż zacznie się pienić, około 10 minut.

b) W robocie kuchennym wyposażonym w plastikowe ostrze do ciasta wymieszaj mąkę i sól. Przetwarzaj około 30 sekund. Dodaj orzechy włoskie i miksuj przez dodatkowe 15 sekund. Przy pracującym urządzeniu wlać mieszaninę drożdży przez rurkę zasilającą.

c) Gdy urządzenie działa, powoli dodaj 1 szklankę wody przez rurkę zasilającą.

d) Wyrabiaj, aż ciasto będzie jasne od ścianek miski i nie będzie już suche, co zajmie około 1 minuty. Wyłożyć na oprószoną mąką stolnicę i zagniatać z porzeczkami i rodzynkami przez około 5 minut.

e) Dużą miskę posmaruj masłem. Ciasto przełożyć do miski, obracając tak, aby wierzch pokrył się masłem. Przykryj folią i ręcznikiem i odstaw do wyrośnięcia w ciepłym miejscu, aż ciasto podwoi swoją objętość, około 1 do 1-½ godziny.

f) Ciasto wyłożyć na lekko posypaną mąką deskę. Uderz, aby usunąć pęcherzyki powietrza i podziel ciasto na dwie równe części. Każdą część rozwałkuj na arkusz o wymiarach 6 x 15 cali. Zwiń arkusze w długie cylindry, ściskając krawędzie, aby je uszczelnić. Przenieś cylindry łączeniem w dół na wysmarowaną masłem blachę do pieczenia lub dwie formy do ciabatty. Przykryj folią i ręcznikiem i odstaw do wyrośnięcia, aż ciasto prawie się podwoi, około 45 minut.

g) Rozgrzej piekarnik do 425.

h) Posmaruj bochenki roztrzepanym jajkiem i natnij każdy ostrym nożem kilka razy po przekątnej.

i) Piec przez 30 do 40 minut, aż bochenki dobrze się zarumienią.

25. Ciabatta pełnoziarnista z makiem migdałowym

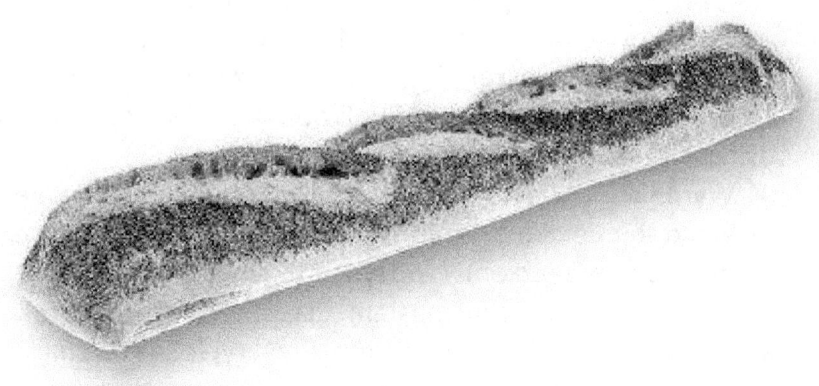

SKŁADNIKI:

- 1 1/2 szklanki ciepłej wody (110°F lub 45°C)
- 2 1/4 łyżeczki aktywnych suchych drożdży (1 opakowanie)
- 1/4 szklanki cukru
- 3 1/2 szklanki mąki pełnoziarnistej
- 1 1/2 łyżeczki soli
- 1/4 szklanki mąki migdałowej (drobno zmielonych migdałów)
- 2 łyżki maku
- 1/4 szklanki oleju roślinnego
- 1 łyżeczka ekstraktu migdałowego
- 1/2 szklanki posiekanych migdałów (do posypania)
- Mąka kukurydziana lub kasza manna (do posypania)

INSTRUKCJE:

a) W małej misce wymieszaj ciepłą wodę, drożdże i cukier. Pozostawić na około 5-10 minut, aż mieszanina zacznie się pienić.
b) W dużej misce wymieszaj mąkę pełnoziarnistą, mączkę migdałową, mak i sól.
c) Zrób wgłębienie na środku mieszanki mąki.
d) Do zagłębienia w mące wlać mieszaninę drożdży, olej roślinny i ekstrakt migdałowy.
e) Mieszaj składniki razem, aż powstanie ciasto.
f) Ciasto wyrabiamy na posypanym mąką blacie przez około 8-10 minut, aż stanie się gładkie i elastyczne. Jeśli ciasto jest zbyt klejące, można dodać trochę więcej mąki.
g) Ciasto włóż do miski lekko naoliwionej, przykryj czystą ściereczką lub folią i odstaw do wyrośnięcia w ciepłym, pozbawionym przeciągów miejscu na około 1 godzinę lub do czasu, aż podwoi swoją objętość.
h) Rozgrzej piekarnik do 190°C (375°F). Włóż blachę do pieczenia do piekarnika, gdy się nagrzeje.
i) Zagnieść ciasto i uformować długi, cienki kształt ciabatty. Możesz uformować ciasto rękami lub rozwałkować je na posypanej mąką powierzchni.
j) Oprósz gorącą blachę mąką kukurydzianą lub kaszą manną, a następnie przełóż ciabattę na blachę.

k) Posyp pokrojonymi migdałami wierzch ciabatty, delikatnie wciskając je w ciasto.
l) Za pomocą ostrego noża lub żyletki wykonaj kilka płytkich nacięć na wierzchu ciabatty dla dekoracji.
m) Piecz około 25-30 minut lub do momentu, aż ciabatta będzie twarda i postukana w spód wyda głuchy dźwięk.
n) Przed pokrojeniem i podaniem ciabattę należy ostudzić na metalowej kratce.
o) Rozkoszuj się pyszną ciabattą pełnoziarnistą z makiem migdałowym, wypełnioną orzechową dobrocią migdałów i delikatnym smakiem maku!

26.Żurawina Macadamia Ciabatta

SKŁADNIKI:
- 1 1/2 szklanki ciepłej wody (110°F lub 45°C)
- 2 1/4 łyżeczki aktywnych suchych drożdży (1 opakowanie)
- 1 łyżeczka cukru
- 3 1/2 szklanki mąki pełnoziarnistej
- 1 1/2 łyżeczki soli
- 1/2 szklanki suszonej żurawiny
- 1/2 szklanki posiekanych orzechów makadamia
- 1 łyżka oliwy z oliwek
- Mąka kukurydziana lub kasza manna (do posypania)

INSTRUKCJE:
a) W małej misce wymieszaj ciepłą wodę, drożdże i cukier. Pozostawić na około 5-10 minut, aż mieszanina zacznie się pienić.
b) W dużej misce wymieszaj mąkę pełnoziarnistą i sól. Zrób wgłębienie na środku mieszanki mąki.
c) Do zagłębienia w mące wlać mieszaninę drożdży i oliwę z oliwek.
d) Mieszaj składniki razem, aż powstanie ciasto.
e) Ciasto wyrabiamy na posypanym mąką blacie przez około 8-10 minut, aż stanie się gładkie i elastyczne. Jeśli ciasto jest zbyt klejące, można dodać trochę więcej mąki.
f) Ciasto włóż do lekko naoliwionej miski, przykryj czystą ściereczką lub folią i odstaw do wyrośnięcia w ciepłym, pozbawionym przeciągów miejscu na około 1 godzinę lub do czasu, aż podwoi swoją objętość.
g) Rozgrzej piekarnik do 230°C (450°F). Włóż kamień do pieczenia lub odwróconą blachę do pieczenia do piekarnika, gdy się nagrzeje. Jeśli masz kamień do pizzy, świetnie sprawdzi się do pieczenia ciabatty.
h) Zagnieść ciasto i podzielić je na dwie równe części.
i) Każdą porcję rozwałkuj na długi i cienki kształt ciabatty. Możesz uformować ciasto rękami lub rozwałkować je na posypanej mąką powierzchni, a następnie przenieść na blachę do pieczenia lub skórkę do pizzy posypaną mąką kukurydzianą lub kaszą manną.
j) Posyp równomiernie suszoną żurawiną i posiekanymi orzechami wierzch każdej ciabatty i delikatnie wciśnij je w ciasto.

k) Uformowaną ciabattę przykryj czystą ściereczką i odstaw do ponownego wyrośnięcia na około 20-30 minut.
l) Za pomocą ostrego noża lub żyletki wykonaj ukośne nacięcia na wierzchu ciabatty. Pomaga im to rozwijać i rozwijać klasyczny wygląd ciabatty.
m) Ostrożnie przenieś ciabattę do nagrzanego piekarnika, bezpośrednio na kamień do pieczenia lub na gorącą blachę do pieczenia. Zachowaj ostrożność podczas otwierania piekarnika; jest gorąco!
n) Piec około 25-30 minut lub do czasu, aż ciabatta będzie złocistobrązowa i postukana w spód wyda głuchy dźwięk.
o) Przed pokrojeniem i podaniem ciabattę należy ostudzić na metalowej kratce.

27. Ciabata porzeczkowo-orzechowa

SKŁADNIKI:
- 1 opakowanie drożdży
- 1 ½ łyżki miodu
- 1 ¼ szklanki ciepłej wody
- 1 ½ szklanki mąki chlebowej
- 1 ½ szklanki mąki pełnoziarnistej
- 1 łyżeczka soli
- ¾ szklanki połówek orzechów włoskich lub pistacji
- ¾ szklanki porzeczek
- ¼ szklanki złotych rodzynek
- Masło; do powlekania miski
- 1 jajko; ubity, do posmarowania

INSTRUKCJE:

j) Rozpuść drożdże i miód w ¼ szklanki ciepłej wody i odstaw, aż zacznie się pienić, około 10 minut.

k) W robocie kuchennym wyposażonym w plastikowe ostrze do ciasta wymieszaj mąkę i sól. Przetwarzaj około 30 sekund. Dodaj orzechy włoskie i miksuj przez dodatkowe 15 sekund. Przy pracującym urządzeniu wlać mieszaninę drożdży przez rurkę zasilającą.

l) Gdy urządzenie działa, powoli dodaj 1 szklankę wody przez rurkę zasilającą.

m) Wyrabiaj, aż ciasto będzie jasne od ścianek miski i nie będzie już suche, co zajmie około 1 minuty. Wyłożyć na oprószoną mąką stolnicę i zagniatać z porzeczkami i rodzynkami przez około 5 minut.

n) Dużą miskę posmaruj masłem. Ciasto przełożyć do miski, obracając tak, aby wierzch pokrył się masłem. Przykryj folią i ręcznikiem i odstaw do wyrośnięcia w ciepłym miejscu, aż ciasto podwoi swoją objętość, około 1 do 1-½ godziny.

o) Ciasto wyłożyć na lekko posypaną mąką deskę. Uderz, aby usunąć pęcherzyki powietrza i podziel ciasto na dwie równe części. Każdą część rozwałkuj na arkusz o wymiarach 6 x 15 cali.

Zwiń arkusze w długie cylindry, ściskając krawędzie, aby je uszczelnić. Przenieś cylindry łączeniem w dół na wysmarowaną masłem blachę do pieczenia lub dwie formy do ciabatty. Przykryj folią i ręcznikiem i odstaw do wyrośnięcia, aż ciasto prawie się podwoi, około 45 minut.

p) Rozgrzej piekarnik do 425.

q) Posmaruj bochenki roztrzepanym jajkiem i natnij każdy ostrym nożem kilka razy po przekątnej.

r) Piec przez 30 do 40 minut, aż bochenki dobrze się zarumienią.

PRZYPRAWIONA CIABATA

28.Chleb kamut z przyprawą miodową

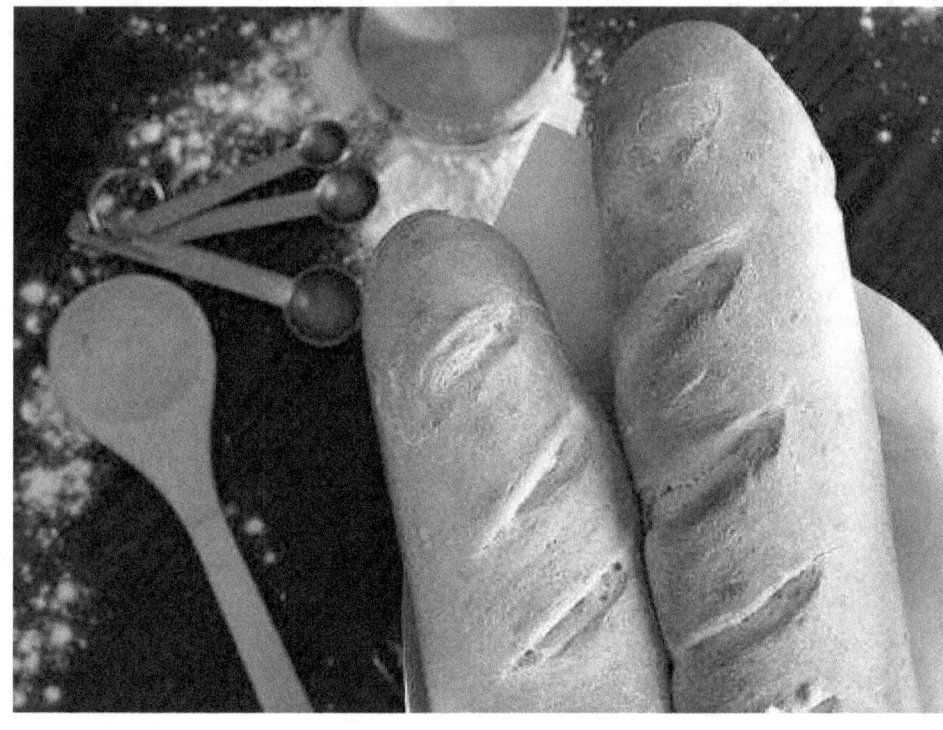

SKŁADNIKI:
- ½ szklanki ciepłej wody
- 2 opakowania Suche aktywne drożdże
- 1 ½ szklanki ciepłego mleka sojowego
- 2 łyżki oleju rzepakowego
- ½ szklanki miodu
- 1 duże jajko lub odpowiednik wegańskiego zamiennika jajka
- 3 szklanki mąki Kamut
- 1 łyżeczka cynamonu
- 1 łyżeczka gałki muszkatołowej
- ½ łyżeczki soli
- 3 szklanki mąki orkiszowej
- Spray do gotowania lub olej

INSTRUKCJE:

a) W małej misce wymieszaj wodę i drożdże. Przykryj i odstaw na 7 do 10 minut.

b) W średniej misce wymieszaj mleko sojowe, olej, miód i jajko. Odłożyć na bok.

c) W dużej misce wymieszaj mąkę kamur, cynamon, gałkę muszkatołową i sól. Połącz mieszaninę mleka i mieszaninę drożdży i dokładnie wymieszaj. Stopniowo dodawaj mąkę orkiszową.

d) Przełóż ciasto na lekko posypaną mąką powierzchnię i ugniataj przez 4 do 5 minut lub do momentu, aż ciasto będzie lekko elastyczne.

e) Ciasto przykryj ręcznikiem i odstaw do wyrośnięcia na 1 do 2 godzin lub do momentu, aż podwoi swoją objętość.

f) Lekko spryskaj lub posmaruj dużą blachę do pieczenia olejem. Zagnieść ciasto i podzielić na pół. Z każdej połówki uformuj podłużny bochenek i ułóż bochenki na blasze do pieczenia w odległości około trzech cali. Przykryj ręcznikiem i odstaw do wyrośnięcia na 1 do 2 godzin lub do momentu, aż podwoi swoją objętość.

g) Rozgrzej piekarnik do 350F. Piec bochenki przez około 45 minut lub do momentu, aż przy puknięciu będą wydawać głuchy dźwięk. Pozostawić do ostygnięcia na 10 minut, następnie przenieść bochenki na metalową kratkę i całkowicie wystudzić przed pokrojeniem.

29. Ciabatta pełnoziarnista z rodzynkami i cynamonem

SKŁADNIKI:
- 1 1/2 szklanki ciepłej wody (110°F lub 45°C)
- 2 1/4 łyżeczki aktywnych suchych drożdży (1 opakowanie)
- 1/4 szklanki cukru
- 3 1/2 szklanki mąki pełnoziarnistej
- 1 1/2 łyżeczki soli
- 1/2 szklanki rodzynek
- 2 łyżeczki mielonego cynamonu
- 1 łyżka oliwy z oliwek
- Mąka kukurydziana lub kasza manna (do posypania)

INSTRUKCJE:
a) W małej misce wymieszaj ciepłą wodę, drożdże i cukier. Pozostawić na około 5-10 minut, aż mieszanina zacznie się pienić.
b) W dużej misce wymieszaj mąkę pełnoziarnistą, sól i mielony cynamon. Zrób wgłębienie na środku mieszanki mąki.
c) Do zagłębienia w mące wlać mieszaninę drożdży i oliwę z oliwek.
d) Mieszaj składniki razem, aż powstanie ciasto.
e) Ciasto wyrabiamy na posypanym mąką blacie przez około 8-10 minut, aż stanie się gładkie i elastyczne. Jeśli ciasto jest zbyt klejące, można dodać trochę więcej mąki.
f) Ciasto włóż do miski lekko naoliwionej, przykryj czystą ściereczką lub folią i odstaw do wyrośnięcia w ciepłym, pozbawionym przeciągów miejscu na około 1 godzinę lub do czasu, aż podwoi swoją objętość.
g) Rozgrzej piekarnik do 230°C (450°F). Włóż kamień do pieczenia lub odwróconą blachę do pieczenia do piekarnika, gdy się nagrzeje. Jeśli masz kamień do pizzy, świetnie sprawdzi się do pieczenia ciabatty.
h) Zagnieść ciasto i podzielić je na dwie równe części.
i) Każdą porcję rozwałkuj na długi i cienki kształt ciabatty. Możesz uformować ciasto rękami lub rozwałkować je na posypanej mąką powierzchni, a następnie przenieść na blachę do pieczenia lub skórkę do pizzy posypaną mąką kukurydzianą lub kaszą manną.
j) Posyp równomiernie rodzynkami wierzch każdej ciabatty i delikatnie wciśnij je w ciasto.

k) Uformowaną ciabattę przykryj czystą ściereczką i odstaw do ponownego wyrośnięcia na około 20-30 minut.
l) Za pomocą ostrego noża lub żyletki wykonaj ukośne nacięcia na wierzchu ciabatty. Pomaga im to rozwijać i rozwijać klasyczny wygląd ciabatty.
m) Ostrożnie przenieś ciabattę do nagrzanego piekarnika, bezpośrednio na kamień do pieczenia lub na gorącą blachę do pieczenia. Zachowaj ostrożność podczas otwierania piekarnika; jest gorąco!
n) Piec około 25-30 minut lub do czasu, aż ciabatta będzie złocistobrązowa i postukana w spód wyda głuchy dźwięk.
o) Przed pokrojeniem i podaniem ciabattę należy ostudzić na metalowej kratce.

30.Płatki chili i paprykowa ciabatta

SKŁADNIKI:
- 500 g mocnej białej mąki chlebowej
- 10 g soli
- 7g drożdży instant
- 350ml letniej wody
- 2 łyżki oliwy z oliwek
- 1 łyżka płatków chili
- 1 łyżka wędzonej papryki

INSTRUKCJE:
a) W misce połącz mąkę, sól i drożdże. Dodaj wodę i oliwę z oliwek, a następnie ugniataj, aż masa będzie gładka.
b) Przykryj i odstaw do wyrośnięcia, aż podwoi swoją objętość.
c) Rozgrzej piekarnik do 220°C (425°F).
d) Zagnieść ciasto i uformować bochenek ciabatty.
e) Ułożyć na blasze do pieczenia, przykryć i ponownie odstawić do wyrośnięcia.
f) Wymieszaj płatki chili i wędzoną paprykę z odrobiną oliwy z oliwek. Rozłóż mieszaninę na wierzchu ciabatty.
g) Piec przez 25-30 minut, aż uzyska złoty kolor. Przed pokrojeniem ostudzić na kratce.

31.Ciabatta z kurkumą i kminkiem

SKŁADNIKI:
- 500 g mocnej białej mąki chlebowej
- 10 g soli
- 7g drożdży instant
- 350 ml letniej wody
- 2 łyżki oliwy z oliwek
- 1 łyżeczka mielonej kurkumy
- 1 łyżeczka mielonego kminku

INSTRUKCJE:

a) W misce wymieszaj mąkę, sól i drożdże. Dodaj wodę i oliwę z oliwek, a następnie ugniataj, aż masa będzie gładka.
b) Przykryj i odstaw do wyrośnięcia, aż podwoi swoją objętość.
c) Rozgrzej piekarnik do 220°C (425°F).
d) Zagnieść ciasto i uformować bochenek ciabatty.
e) Ułożyć na blasze do pieczenia, przykryć i ponownie odstawić do wyrośnięcia.
f) Kurkumę i kminek wymieszaj na pastę z odrobiną wody. Rozsmaruj pastę na wierzchu ciabatty.
g) Piec przez 25-30 minut, aż uzyska złoty kolor. Pozostawić do ostygnięcia przed krojeniem.

CZEKOLADOWA CIABATA

32. Ciabatta czekoladowo-orzechowa

SKŁADNIKI:
- 1 porcja podstawowego ciasta na ciabattę
- 1/2 szklanki posiekanych orzechów laskowych
- 1/2 szklanki kawałków ciemnej czekolady
- 1/4 szklanki kakao w proszku

INSTRUKCJE:

a) Przygotuj podstawowe ciasto na ciabattę według ulubionego przepisu.

b) Po pierwszym wyrośnięciu ugniatamy ciasto i zagniatamy z posiekanymi orzechami laskowymi i kawałkami gorzkiej czekolady, aż równomiernie się rozłożą.

c) Z ciasta uformuj bochenek ciabatty i ułóż go na blasze wyłożonej papierem do pieczenia.

d) Przykryj bochenek czystym ręcznikiem kuchennym i pozostaw do wyrośnięcia na kolejne 30-45 minut.

e) Rozgrzej piekarnik do 200°C (400°F).

f) Przed pieczeniem posyp wierzch bochenka kakao.

g) Piec przez 20-25 minut lub do momentu, gdy bochenek będzie złocistobrązowy i będzie wydawać głuchy dźwięk przy postukaniu w spód.

h) Przed pokrojeniem i podaniem odczekaj, aż ostygnie.

33. Ciabatta czekoladowo-pomarańczowa

SKŁADNIKI:
- 1 porcja podstawowego ciasta na ciabattę
- Skórka z 1 pomarańczy
- 1/2 szklanki kawałków ciemnej czekolady
- 1/4 szklanki granulowanego cukru

INSTRUKCJE:

a) Przygotuj podstawowe ciasto na ciabattę według ulubionego przepisu.

b) Po pierwszym wyrośnięciu zagnieść ciasto i zagnieść skórkę pomarańczową, kawałki gorzkiej czekolady i cukier granulowany, aż równomiernie się rozprowadzą.

c) Z ciasta uformuj bochenek ciabatty i ułóż go na blasze wyłożonej papierem do pieczenia.

d) Przykryj bochenek czystym ręcznikiem kuchennym i pozostaw do wyrośnięcia na kolejne 30-45 minut.

e) Rozgrzej piekarnik do 200°C (400°F).

f) Piec przez 20-25 minut lub do momentu, gdy bochenek będzie złocistobrązowy i będzie wydawać głuchy dźwięk przy postukaniu w spód.

g) Przed pokrojeniem i podaniem odczekaj, aż lekko ostygnie.

34. Ciabatta z podwójną czekoladą

SKŁADNIKI:
- 1 porcja podstawowego ciasta na ciabattę
- 1/2 szklanki kawałków ciemnej czekolady
- 1/2 szklanki kawałków białej czekolady
- 2 łyżki niesłodzonego kakao w proszku

INSTRUKCJE:

a) Przygotuj podstawowe ciasto na ciabattę według ulubionego przepisu.

b) Po pierwszym wyrośnięciu ugniataj ciasto i zagniataj z kawałkami gorzkiej czekolady, kawałkami białej czekolady i niesłodzonym kakao w proszku, aż do równomiernego rozprowadzenia.

c) Z ciasta uformuj bochenek ciabatty i ułóż go na blasze wyłożonej papierem do pieczenia.

d) Przykryj bochenek czystym ręcznikiem kuchennym i pozostaw do wyrośnięcia na kolejne 30-45 minut.

e) Rozgrzej piekarnik do 200°C (400°F).

f) Piec przez 20-25 minut lub do momentu, gdy bochenek będzie złocistobrązowy i będzie wydawać głuchy dźwięk przy postukaniu w spód.

g) Przed pokrojeniem i podaniem odczekaj, aż ostygnie.

35. Ciabatta czekoladowo-wiśniowo-migdałowa

SKŁADNIKI:

- 1 porcja podstawowego ciasta na ciabattę
- 1/2 szklanki kawałków ciemnej czekolady
- 1/2 szklanki suszonych wiśni, posiekanych
- 1/4 szklanki posiekanych migdałów

INSTRUKCJE:

a) Przygotuj podstawowe ciasto na ciabattę według ulubionego przepisu.

b) Po pierwszym wyrośnięciu ugniatamy ciasto i zagniatamy z kawałkami ciemnej czekolady, suszonymi wiśniami i pokrojonymi migdałami, aż równomiernie się rozłożą.

c) Z ciasta uformuj bochenek ciabatty i ułóż go na blasze wyłożonej papierem do pieczenia.

d) Przykryj bochenek czystym ręcznikiem kuchennym i pozostaw do wyrośnięcia na kolejne 30-45 minut.

e) Rozgrzej piekarnik do 200°C (400°F).

f) Piec przez 20-25 minut lub do momentu, gdy bochenek będzie złocistobrązowy i będzie wydawać głuchy dźwięk przy postukaniu w spód.

g) Pozwól mu ostygnąć przed pokrojeniem i podaniem.

36.Ciabatta z czekoladowym masłem orzechowym

SKŁADNIKI:
- 1 porcja podstawowego ciasta na ciabattę
- 1/2 szklanki kawałków ciemnej czekolady
- 1/4 szklanki kremowego masła orzechowego

INSTRUKCJE:

a) Przygotuj podstawowe ciasto na ciabattę według ulubionego przepisu.

b) Po pierwszym wyrośnięciu ugniatamy ciasto i delikatnie dodajemy kawałki ciemnej czekolady.

c) Ciasto podzielić na pół i każdą część rozwałkować na prostokąt.

d) Masę orzechową rozsmaruj równomiernie na jednym prostokącie ciasta, zostawiając niewielki margines na brzegach.

e) Na wierzchu ułóż drugi prostokąt ciasta i dociśnij krawędzie, aby je złączyć.

f) Ostrożnie zwiń ciasto w rulon.

g) Ciasto przełożyć na blachę wyłożoną papierem do pieczenia.

h) Przykryj bochenek czystym ręcznikiem kuchennym i pozostaw do wyrośnięcia na kolejne 30-45 minut.

i) Rozgrzej piekarnik do 200°C (400°F).

j) Piec przez 20-25 minut lub do momentu, gdy bochenek będzie złocistobrązowy i będzie wydawać głuchy dźwięk przy postukaniu w spód.

k) Pozwól mu ostygnąć przed pokrojeniem i podaniem.

37. Ciabatta czekoladowo-kokosowa

SKŁADNIKI:

- 1 porcja podstawowego ciasta na ciabattę
- 1/2 szklanki kawałków ciemnej czekolady
- 1/2 szklanki wiórków kokosowych

INSTRUKCJE:

a) Przygotuj podstawowe ciasto na ciabattę według ulubionego przepisu.
b) Po pierwszym wyrośnięciu ugniatamy ciasto i delikatnie dodajemy kawałki ciemnej czekolady i wiórki kokosowe.
c) Z ciasta uformuj bochenek ciabatty i ułóż go na blasze wyłożonej papierem do pieczenia.
d) Przykryj bochenek czystym ręcznikiem kuchennym i pozostaw do wyrośnięcia na kolejne 30-45 minut.
e) Rozgrzej piekarnik do 200°C (400°F).
f) Piec przez 20-25 minut lub do momentu, gdy bochenek będzie złocistobrązowy i będzie wydawać głuchy dźwięk przy postukaniu w spód.
g) Przed pokrojeniem i podaniem odczekaj, aż ostygnie.

38.Czekoladowa Ciabatta Malinowa

SKŁADNIKI:
- 1 porcja podstawowego ciasta na ciabattę
- 1/2 szklanki kawałków ciemnej czekolady
- 1/2 szklanki świeżych malin

INSTRUKCJE:

a) Przygotuj podstawowe ciasto na ciabattę według ulubionego przepisu.

b) Po pierwszym wyrośnięciu ugniatamy ciasto i delikatnie dodajemy kawałki ciemnej czekolady i świeże maliny.

c) Z ciasta uformuj bochenek ciabatty i ułóż go na blasze wyłożonej papierem do pieczenia.

d) Przykryj bochenek czystym ręcznikiem kuchennym i pozostaw do wyrośnięcia na kolejne 30-45 minut.

e) Rozgrzej piekarnik do 200°C (400°F).

f) Piec przez 20-25 minut lub do momentu, gdy bochenek będzie złocistobrązowy i będzie wydawać głuchy dźwięk przy postukaniu w spód.

g) Pozwól mu ostygnąć przed pokrojeniem i podaniem.

39. Ciabatta pełnoziarnista z kawałkami czekolady

SKŁADNIKI:
- 1 1/2 szklanki ciepłej wody (110°F lub 45°C)
- 2 1/4 łyżeczki aktywnych suchych drożdży (1 opakowanie)
- 1/4 szklanki cukru
- 3 1/2 szklanki mąki pełnoziarnistej
- 1 1/2 łyżeczki soli
- 1/4 szklanki niesłodzonego kakao w proszku
- 1/2 szklanki kawałków czekolady (półsłodkiej lub ciemnej)
- 1/4 szklanki oleju roślinnego
- 1 łyżeczka ekstraktu waniliowego
- Mąka kukurydziana lub kasza manna (do posypania)

INSTRUKCJE:
a) W małej misce wymieszaj ciepłą wodę, drożdże i cukier. Pozostawić na około 5-10 minut, aż mieszanina zacznie się pienić.
b) W dużej misce wymieszaj mąkę pełnoziarnistą, kakao i sól.
c) Zrób wgłębienie na środku mieszanki mąki.
d) Do zagłębienia w mące wlać mieszaninę drożdży, olej roślinny i ekstrakt waniliowy.
e) Mieszaj składniki razem, aż powstanie ciasto.
f) Ciasto wyrabiamy na posypanym mąką blacie przez około 8-10 minut, aż stanie się gładkie i elastyczne. Jeśli ciasto jest zbyt klejące, można dodać trochę więcej mąki.
g) Ciasto włóż do lekko naoliwionej miski, przykryj czystą ściereczką lub folią i odstaw do wyrośnięcia w ciepłym, pozbawionym przeciągów miejscu na około 1 godzinę lub do czasu, aż podwoi swoją objętość.
h) Rozgrzej piekarnik do 190°C (375°F). Włóż blachę do pieczenia do piekarnika, gdy się nagrzeje.
i) Zagnieść ciasto i dodać kawałki czekolady. Zagnieść ciasto, aby równomiernie rozprowadzić kawałki czekolady.
j) Rozwałkuj ciasto na długi i cienki kształt ciabatty. Możesz uformować ciasto rękami lub rozwałkować je na posypanej mąką powierzchni.
k) Oprósz gorącą blachę mąką kukurydzianą lub kaszą manną, a następnie przełóż ciabattę na blachę.

l) Za pomocą ostrego noża lub żyletki wykonaj kilka płytkich nacięć na wierzchu ciabatty dla dekoracji.
m) Piecz około 25-30 minut lub do momentu, aż ciabatta będzie twarda i postukana w spód wyda głuchy dźwięk.
n) Przed pokrojeniem i podaniem ciabattę należy ostudzić na metalowej kratce.
o) Ciesz się wyjątkową i słodką ciabattą pełnoziarnistą z kawałkami czekolady! To pyszne połączenie chleba i czekolady, idealne dla osób lubiących słodycze.

CIABATA Z KOFEINĄ

40. Espresso Ciabatta

SKŁADNIKI:
- 1 porcja podstawowego ciasta na ciabattę
- 2 łyżki drobno zmielonego espresso lub mocnej kawy
- 1/4 szklanki kawałków ciemnej czekolady (opcjonalnie, dla dodania smaku)

INSTRUKCJE:

a) Przygotuj podstawowe ciasto na ciabattę według ulubionego przepisu.

b) Po pierwszym wyrośnięciu ugniatamy ciasto i zagniatamy z drobno zmielonym espresso lub mocną kawą, aż równomiernie się rozprowadzi.

c) Jeśli chcesz, możesz dodać kawałki ciemnej czekolady dla dodania smaku.

d) Z ciasta uformuj bochenek ciabatty i ułóż go na blasze wyłożonej papierem do pieczenia.

e) Przykryj bochenek czystym ręcznikiem kuchennym i pozostaw do wyrośnięcia na kolejne 30-45 minut.

f) Rozgrzej piekarnik do 200°C (400°F).

g) Piec przez 20-25 minut lub do momentu, gdy bochenek będzie złocistobrązowy i będzie wydawać głuchy dźwięk przy postukaniu w spód.

h) Przed pokrojeniem i podaniem odczekaj, aż ostygnie.

41. Herbata zielona Matcha Ciabatta

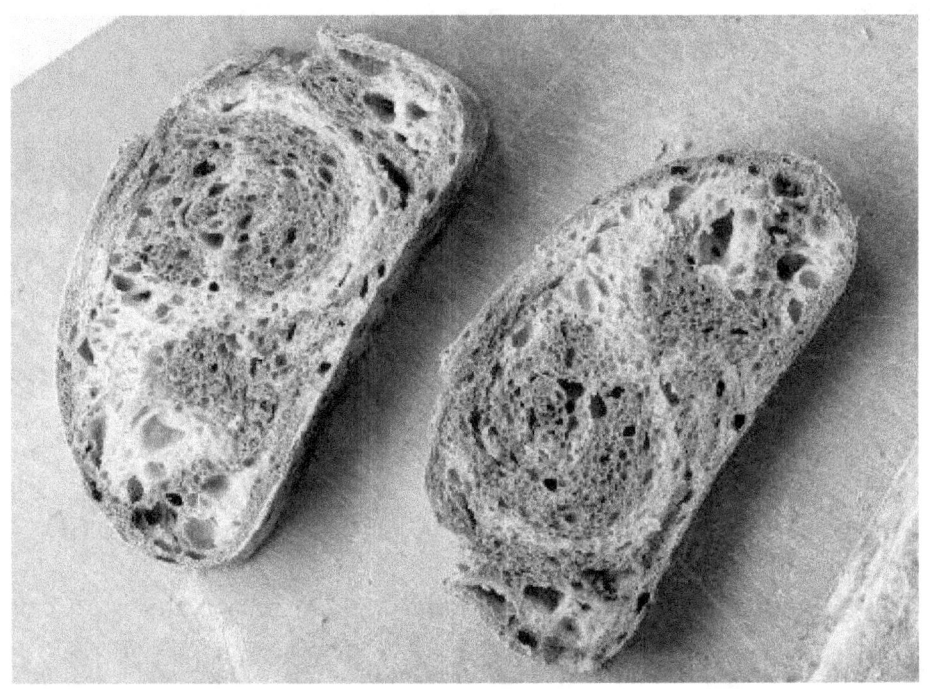

SKŁADNIKI:
- 1 porcja podstawowego ciasta na ciabattę
- 2 łyżki sproszkowanej zielonej herbaty matcha

INSTRUKCJE:

a) Przygotuj podstawowe ciasto na ciabattę według ulubionego przepisu.

b) Po pierwszym wyrośnięciu ugniataj ciasto i zagniataj z proszkiem zielonej herbaty matcha, aż równomiernie się rozprowadzi.

c) Z ciasta uformuj bochenek ciabatty i ułóż go na blasze wyłożonej papierem do pieczenia.

d) Przykryj bochenek czystym ręcznikiem kuchennym i pozostaw do wyrośnięcia na kolejne 30-45 minut.

e) Rozgrzej piekarnik do 200°C (400°F).

f) Piec przez 20-25 minut lub do momentu, gdy bochenek będzie złocistobrązowy i będzie wydawać głuchy dźwięk przy postukaniu w spód.

g) Przed pokrojeniem i podaniem odczekaj, aż ostygnie.

42.Ciabatta z przyprawami Chai

SKŁADNIKI:
- 1 porcja podstawowego ciasta na ciabattę
- 2 łyżeczki mieszanki przypraw chai (cynamon, kardamon, goździki, imbir, gałka muszkatołowa)

INSTRUKCJE:
a) Przygotuj podstawowe ciasto na ciabattę według ulubionego przepisu.
b) Po pierwszym wyrośnięciu ugniatamy ciasto i ugniatamy z mieszanką przypraw chai, aż równomiernie się rozprowadzi.
c) Z ciasta uformuj bochenek ciabatty i ułóż go na blasze wyłożonej papierem do pieczenia.
d) Przykryj bochenek czystym ręcznikiem kuchennym i pozostaw do wyrośnięcia na kolejne 30-45 minut.
e) Rozgrzej piekarnik do 200°C (400°F).
f) Piec przez 20-25 minut lub do momentu, gdy bochenek będzie złocistobrązowy i będzie wydawać głuchy dźwięk przy postukaniu w spód.
g) Przed pokrojeniem i podaniem odczekaj, aż ostygnie.

43. Mokka Chips Ciabatta

SKŁADNIKI:
- 1 porcja podstawowego ciasta na ciabattę
- 2 łyżki kawy rozpuszczalnej w proszku
- 1/2 szklanki kawałków czekolady

INSTRUKCJE:

a) Przygotuj podstawowe ciasto na ciabattę według ulubionego przepisu.
b) Po pierwszym wyrośnięciu ugniatamy ciasto i zagniatamy z kawą rozpuszczalną, aż równomiernie się rozprowadzi.
c) Zagniataj kawałki czekolady, aż zostaną równomiernie rozłożone.
d) Z ciasta uformuj bochenek ciabatty i ułóż go na blasze wyłożonej papierem do pieczenia.
e) Przykryj bochenek czystym ręcznikiem kuchennym i pozostaw do wyrośnięcia na kolejne 30-45 minut.
f) Rozgrzej piekarnik do 200°C (400°F).
g) Piec przez 20-25 minut lub do momentu, gdy bochenek będzie złocistobrązowy i będzie wydawać głuchy dźwięk przy postukaniu w spód.
h) Przed pokrojeniem i podaniem odczekaj, aż ostygnie.

WARZYWNA CIABATA

44.Ciabatta z czarnych oliwek

SKŁADNIKI:
NA ROZRUSZNIK (BIGA)
- 1 łyżeczka. Drożdże suszone o szybkim działaniu
- 100 g mocnej białej mąki

NA CIASTO
- 400 g mocnej białej mąki chlebowej plus trochę do posypania
- 1 1/4 łyżeczki drożdże suszone o szybkim działaniu
- 1 łyżka. Oliwa z oliwek z pierwszego tłoczenia
- 150 g czarnych oliwek bez pestek, posiekanych, użyliśmy kalamata, patrz wskazówka GH

INSTRUKCJE:
a) Na noc przed pieczeniem ciabatty przygotuj przystawkę. W misie wolnostojącego miksera wymieszaj drożdże i 80 ml letniej wody. Pozostaw na 5 minut, aż zacznie się pienić. Wymieszaj mąkę, aby uzyskać miękkie ciasto. Przykryj czystą ściereczką lub folią spożywczą i odstaw w ciepłe miejsce na co najmniej 4 godziny, a najlepiej na całą noc.

b) Aby przygotować ciasto, do miski wsyp pozostałą mąkę, dodaj dodatkowe drożdże, olej i 300 ml letniej wody. Mieszaj hakiem do wyrabiania ciasta na niskich obrotach przez 5 minut, aż powstanie miękkie, wilgotne ciasto. Dodaj 1 łyżeczkę drobnej soli i oliwki, mieszaj jeszcze przez 5 minut, aż masa będzie gładka i elastyczna.

c) Przykryj czystą ściereczką lub folią spożywczą i odstaw do ponownego wyrośnięcia na 1 godzinę lub do czasu, aż podwoi swoją objętość.

d) Gdy wyrośnięte ciasto będzie gotowe, zwilż ręce, a następnie weź jedną stronę ciasta do miski, rozciągnij je i złóż na wierzch. Obróć miskę o 90 stopni i powtórz jeszcze 7 razy. Ponownie przykryj i pozostaw do wyrośnięcia na 45 minut, następnie powtórz 8 ćwiczeń rozciągających i składanych jeszcze raz, a następnie 45 minut odpoczynku i wstania.

e) Dużą blachę do pieczenia wyłóż pergaminem do pieczenia. Obficie podsyp pergamin mąką, aby ciasto nie sklejało się i nie było trudne w wyrabianiu. Delikatnie przełóż ciasto na pergamin. Posyp wierzch ciasta mąką.

f) Podzielić ciasto na 3 szorstkie prostokąty za pomocą skrobaka do ciasta, długiego noża paletowego lub nawet krawędzi blachy do pieczenia – rozdzielając bochenki najlepiej, jak potrafisz. Przykryć czystą ściereczką i odstawić do ponownego wyrośnięcia na 30 min.

g) Rozgrzej piekarnik do 220°C (200°C z termoobiegiem) gazowy znak 7. Napełnij małą blachę do pieczenia wodą i umieść ją na dolnej półce piekarnika, aby wytworzyć parę.

h) Piecz ciabattę na blasze do pieczenia przez 30 minut lub do momentu, aż będzie złotobrązowa i będzie wydawać pusty dźwięk po postukaniu w spód.

i) Przed podaniem całkowicie ostudzić na metalowej kratce.

45. Wegetariańska ciabatta

SKŁADNIKI:

- 1 żółta dynia 6-8 cali
- 1 cukinia 6-8 cali
- 1 Czerwona papryka
- 2 plasterki fioletowej cebuli o grubości ¼ cala
- 2 łyżeczki oliwy z oliwek lub oliwy w sprayu (do 3)
- 1 świeża ciabatta o średnicy 12 cali lub połowa pełnowymiarowej
- 2 łyżki częściowo odtłuszczonej mozzarelli
- Bazylia, świeża lub suszona, opcjonalnie

INSTRUKCJE:

a) Obie dynie przekrój wzdłuż, na grubość około ¼ cala. Paprykę przekrój na pół i usuń nasiona. Na dużej blasze ułóż plasterki dyni i cebuli, a paprykę skórką do góry. Wszystko oprócz papryki posmaruj oliwą z oliwek lub użyj oliwy w sprayu i umieść pod grillem.

b) Pozostaw warzywa do czasu, aż papryka zwęgli się. Usuń paprykę i umieść ją w papierowej torbie lub ciężkiej plastikowej torbie i zamknij torebkę, aby gotować na parze papryki.

c) Odwróć resztę warzyw, ponownie spryskaj lub posmaruj, jeśli to konieczne, i piecz kolejne 2 minuty, aż warzywa będą miękkie, ale nie ugotowane nie do poznania.

d) W międzyczasie przekrój ciabattę na połówki i każdą połówkę przekrój wzdłuż.

e) Na dolnej połowie połóż jedną łyżkę sera. Górną połowę posmaruj łyżeczką majonezu i w razie potrzeby posyp bazylią. Gdy papryka paruje przez 5 minut, wyjmij ją z torebki i usuń skórę. Przetnij połówki jeszcze raz, aby uzyskać ćwiartki.

f) Na każdej kanapce ułóż warzywa, na serze.

46. Ciabatta z suszonych pomidorów pełnoziarnistych

SKŁADNIKI:

- 1 1/2 szklanki ciepłej wody (110°F lub 45°C)
- 2 1/4 łyżeczki aktywnych suchych drożdży (1 opakowanie)
- 1 łyżeczka cukru
- 3 1/2 szklanki mąki pełnoziarnistej
- 1 1/2 łyżeczki soli
- 1 łyżka oliwy z oliwek
- 1/2 szklanki suszonych pomidorów, drobno posiekanych
- 1/4 szklanki posiekanych świeżych liści bazylii
- Mąka kukurydziana lub kasza manna (do posypania)

INSTRUKCJE:

a) W małej misce wymieszaj ciepłą wodę, drożdże i cukier. Pozostawić na około 5-10 minut, aż mieszanina zacznie się pienić.
b) W dużej misce wymieszaj mąkę pełnoziarnistą i sól. Zrób wgłębienie na środku mieszanki mąki.
c) Do zagłębienia w mące wlać mieszaninę drożdży i oliwę z oliwek.
d) Mieszaj składniki razem, aż powstanie ciasto.
e) Ciasto wyrabiamy na posypanym mąką blacie przez około 8-10 minut, aż stanie się gładkie i elastyczne. Jeśli ciasto jest zbyt klejące, można dodać trochę więcej mąki.
f) Ciasto włóż do lekko naoliwionej miski, przykryj czystą ściereczką lub folią i odstaw do wyrośnięcia w ciepłym, pozbawionym przeciągów miejscu na około 1 godzinę lub do czasu, aż podwoi swoją objętość.
g) Rozgrzej piekarnik do 230°C (450°F). Włóż kamień do pieczenia lub odwróconą blachę do pieczenia do piekarnika, gdy się nagrzeje. Jeśli masz kamień do pizzy, świetnie sprawdzi się do pieczenia ciabatty.
h) Zagnieść ciasto i podzielić je na dwie równe części.
i) Każdą porcję rozwałkuj na długi i cienki kształt ciabatty. Możesz uformować ciasto rękami lub rozwałkować je na posypanej mąką powierzchni, a następnie przenieść na blachę do pieczenia lub skórkę do pizzy posypaną mąką kukurydzianą lub kaszą manną.

j) Posyp równomiernie drobno posiekanymi suszonymi pomidorami i listkami świeżej bazylii na wierzchu każdej ciabatty i delikatnie wciśnij je w ciasto.
k) Uformowaną ciabattę przykryj czystą ściereczką i odstaw do ponownego wyrośnięcia na około 20-30 minut.
l) Za pomocą ostrego noża lub żyletki wykonaj ukośne nacięcia na wierzchu ciabatty. Pomaga im to rozwijać i rozwijać klasyczny wygląd ciabatty.
m) Ostrożnie przenieś ciabattę do nagrzanego piekarnika, bezpośrednio na kamień do pieczenia lub na gorącą blachę do pieczenia. Zachowaj ostrożność podczas otwierania piekarnika; jest gorąco!
n) Piec około 25-30 minut lub do czasu, aż ciabatta będzie złocistobrązowa i postukana w spód wyda głuchy dźwięk.
o) Przed pokrojeniem i podaniem ciabattę należy ostudzić na metalowej kratce.
p) Rozkoszuj się domową ciabattą pełnoziarnistą z suszonymi pomidorami i bazylią z zachwycającymi smakami suszonych pomidorów i świeżej bazylii!

47.Ciabatta pełnoziarnista z oliwek i ziół

SKŁADNIKI:

- 1 1/2 szklanki ciepłej wody (110°F lub 45°C)
- 2 1/4 łyżeczki aktywnych suchych drożdży (1 opakowanie)
- 1 łyżeczka cukru
- 3 1/2 szklanki mąki pełnoziarnistej
- 1 1/2 łyżeczki soli
- 1 łyżka oliwy z oliwek
- 1/2 szklanki posiekanych zielonych lub czarnych oliwek bez pestek
- 2 łyżki posiekanych świeżych ziół (takich jak rozmaryn, tymianek lub oregano).
- Mąka kukurydziana lub kasza manna (do posypania)

INSTRUKCJE:

a) W małej misce wymieszaj ciepłą wodę, drożdże i cukier. Pozostawić na około 5-10 minut, aż mieszanina zacznie się pienić.
b) W dużej misce wymieszaj mąkę pełnoziarnistą i sól. Zrób wgłębienie na środku mieszanki mąki.
c) Do zagłębienia w mące wlać mieszaninę drożdży i oliwę z oliwek.
d) Mieszaj składniki razem, aż powstanie ciasto.
e) Ciasto wyrabiamy na posypanym mąką blacie przez około 8-10 minut, aż stanie się gładkie i elastyczne. Jeśli ciasto jest zbyt klejące, można dodać trochę więcej mąki.
f) Ciasto włóż do lekko naoliwionej miski, przykryj czystą ściereczką lub folią i odstaw do wyrośnięcia w ciepłym, pozbawionym przeciągów miejscu na około 1 godzinę lub do czasu, aż podwoi swoją objętość.
g) Rozgrzej piekarnik do 230°C (450°F). Włóż kamień do pieczenia lub odwróconą blachę do pieczenia do piekarnika, gdy się nagrzeje. Jeśli masz kamień do pizzy, świetnie sprawdzi się do pieczenia ciabatty.
h) Zagnieść ciasto i podzielić je na dwie równe części.
i) Każdą porcję rozwałkuj na długi i cienki kształt ciabatty. Możesz uformować ciasto rękami lub rozwałkować je na posypanej mąką powierzchni, a następnie przenieść na blachę do pieczenia lub skórkę do pizzy posypaną mąką kukurydzianą lub kaszą manną.

j) Posyp równomiernie posiekanymi oliwkami i świeżymi ziołami wierzch każdej ciabatty i delikatnie wciśnij je w ciasto.
k) Uformowaną ciabattę przykryj czystą ściereczką i odstaw do ponownego wyrośnięcia na około 20-30 minut.
l) Za pomocą ostrego noża lub żyletki wykonaj ukośne nacięcia na wierzchu ciabatty. Pomaga im to rozwijać i rozwijać klasyczny wygląd ciabatty.
m) Ostrożnie przenieś ciabattę do nagrzanego piekarnika, bezpośrednio na kamień do pieczenia lub na gorącą blachę do pieczenia. Zachowaj ostrożność podczas otwierania piekarnika; jest gorąco!
n) Piec około 25-30 minut lub do czasu, aż ciabatta będzie złocistobrązowa i postukana w spód wyda głuchy dźwięk.
o) Przed pokrojeniem i podaniem ciabattę należy ostudzić na metalowej kratce.
p) Rozkoszuj się domową ciabattą pełnoziarnistą z oliwek i ziół o cudownym smaku oliwek i świeżych ziół!

48. Pełnoziarnista ciabatta z Jalapeño

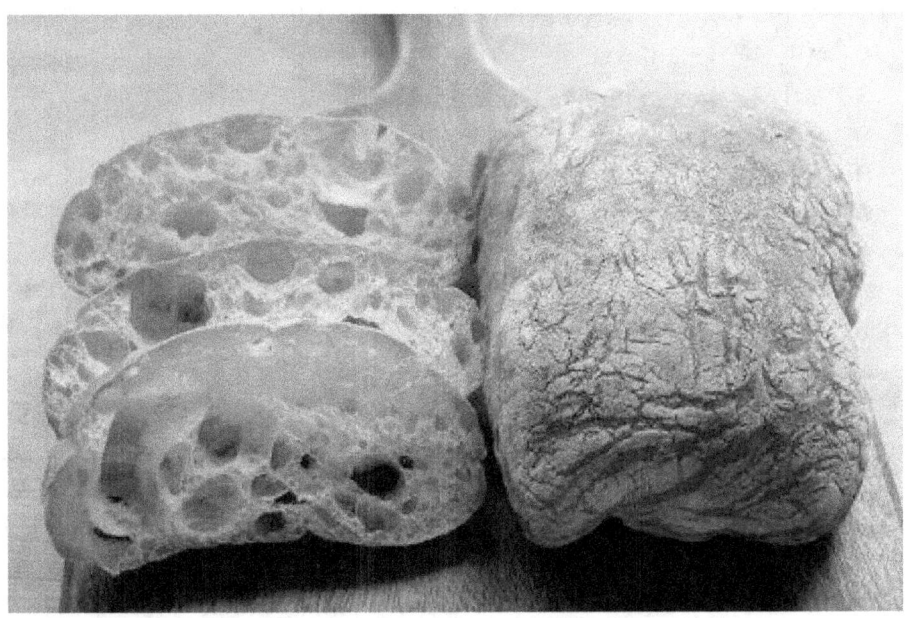

SKŁADNIKI:
- 1 1/2 szklanki ciepłej wody (110°F lub 45°C)
- 2 1/4 łyżeczki aktywnych suchych drożdży (1 opakowanie)
- 1 łyżeczka cukru
- 3 1/2 szklanki mąki pełnoziarnistej
- 1 1/2 łyżeczki soli
- 2 papryczki jalapeño, pozbawione nasion i drobno posiekane
- 1 łyżka oliwy z oliwek
- Mąka kukurydziana lub kasza manna (do posypania)

INSTRUKCJE:
a) W małej misce wymieszaj ciepłą wodę, drożdże i cukier. Pozostawić na około 5-10 minut, aż mieszanina zacznie się pienić.
b) W dużej misce wymieszaj mąkę pełnoziarnistą i sól. Zrób wgłębienie na środku mieszanki mąki.
c) Do zagłębienia w mące wlać mieszaninę drożdży i oliwę z oliwek.
d) Mieszaj składniki razem, aż powstanie ciasto.
e) Ciasto wyrabiamy na posypanym mąką blacie przez około 8-10 minut, aż stanie się gładkie i elastyczne. Jeśli ciasto jest zbyt klejące, można dodać trochę więcej mąki.
f) Ciasto włóż do lekko naoliwionej miski, przykryj czystą ściereczką lub folią i odstaw do wyrośnięcia w ciepłym, pozbawionym przeciągów miejscu na około 1 godzinę lub do czasu, aż podwoi swoją objętość.
g) Rozgrzej piekarnik do 230°C (450°F). Włóż kamień do pieczenia lub odwróconą blachę do pieczenia do piekarnika, gdy się nagrzeje. Jeśli masz kamień do pizzy, świetnie sprawdzi się do pieczenia ciabatty.
h) Zagnieść ciasto i podzielić je na dwie równe części.
i) Każdą porcję rozwałkuj na długi i cienki kształt ciabatty. Możesz uformować ciasto rękami lub rozwałkować je na posypanej mąką powierzchni, a następnie przenieść na blachę do pieczenia lub skórkę do pizzy posypaną mąką kukurydzianą lub kaszą manną.
j) Posyp drobno posiekaną papryczką jalapeño równomiernie na wierzchu każdej ciabatty i delikatnie wciśnij ją w ciasto.

k) Uformowaną ciabattę przykryj czystą ściereczką i odstaw do ponownego wyrośnięcia na około 20-30 minut.
l) Za pomocą ostrego noża lub żyletki wykonaj ukośne nacięcia na wierzchu ciabatty. Pomaga im to rozwijać i rozwijać klasyczny wygląd ciabatty.
m) Ostrożnie przenieś ciabattę do nagrzanego piekarnika, bezpośrednio na kamień do pieczenia lub na gorącą blachę do pieczenia. Zachowaj ostrożność podczas otwierania piekarnika; jest gorąco!
n) Piec około 25-30 minut lub do czasu, aż ciabatta będzie złocistobrązowa i postukana w spód wyda głuchy dźwięk.
o) Przed pokrojeniem i podaniem ciabattę należy ostudzić na metalowej kratce.
p) Rozkoszuj się domową ciabattą pełnoziarnistą Jalapeño z odrobiną pikantnego smaku!

49. Ciabatta pełnoziarnista z serem Cheddar i szczypiorkiem

SKŁADNIKI:

- 1 1/2 szklanki ciepłej wody (110°F lub 45°C)
- 2 1/4 łyżeczki aktywnych suchych drożdży (1 opakowanie)
- 1 łyżeczka cukru
- 3 1/2 szklanki mąki pełnoziarnistej
- 1 1/2 łyżeczki soli
- 1 łyżka oliwy z oliwek
- 1 szklanka startego ostrego sera Cheddar
- 1/4 szklanki świeżego szczypiorku, posiekanego
- Mąka kukurydziana lub kasza manna (do posypania)

INSTRUKCJE:

a) W małej misce wymieszaj ciepłą wodę, drożdże i cukier. Pozostawić na około 5-10 minut, aż mieszanina zacznie się pienić.
b) W dużej misce wymieszaj mąkę pełnoziarnistą i sól. Zrób wgłębienie na środku mieszanki mąki.
c) Do zagłębienia w mące wlać mieszaninę drożdży i oliwę z oliwek.
d) Mieszaj składniki razem, aż powstanie ciasto.
e) Ciasto wyrabiamy na posypanym mąką blacie przez około 8-10 minut, aż stanie się gładkie i elastyczne. Jeśli ciasto jest zbyt klejące, można dodać trochę więcej mąki.
f) Ciasto włóż do lekko naoliwionej miski, przykryj czystą ściereczką lub folią i odstaw do wyrośnięcia w ciepłym, pozbawionym przeciągów miejscu na około 1 godzinę lub do czasu, aż podwoi swoją objętość.
g) Rozgrzej piekarnik do 230°C (450°F). Włóż kamień do pieczenia lub odwróconą blachę do pieczenia do piekarnika, gdy się nagrzeje. Jeśli masz kamień do pizzy, świetnie sprawdzi się do pieczenia ciabatty.
h) Zagnieść ciasto i podzielić je na dwie równe części.
i) Każdą porcję rozwałkuj na długi i cienki kształt ciabatty. Możesz uformować ciasto rękami lub rozwałkować je na posypanej mąką powierzchni, a następnie przenieść na blachę do pieczenia lub skórkę do pizzy posypaną mąką kukurydzianą lub kaszą manną.

j) Posyp równomiernie startym serem cheddar i posiekanym szczypiorkiem na wierzchu każdej ciabatty i delikatnie wciśnij je w ciasto.
k) Uformowaną ciabattę przykryj czystą ściereczką i odstaw do ponownego wyrośnięcia na około 20-30 minut.
l) Za pomocą ostrego noża lub żyletki wykonaj ukośne nacięcia na wierzchu ciabatty. Pomaga im to rozwijać i rozwijać klasyczny wygląd ciabatty.
m) Ostrożnie przenieś ciabattę do nagrzanego piekarnika, bezpośrednio na kamień do pieczenia lub na gorącą blachę do pieczenia. Zachowaj ostrożność podczas otwierania piekarnika; jest gorąco!
n) Piec około 25-30 minut lub do czasu, aż ciabatta będzie złocistobrązowa i postukana w spód wyda głuchy dźwięk.
o) Przed pokrojeniem i podaniem ciabattę należy ostudzić na metalowej kratce.
p) Rozkoszuj się domową ciabattą pełnoziarnistą Cheddar i szczypiorkiem z pikantną dobrocią sera Cheddar i świeżego szczypiorku!

50.ciabatta z pesto i mozzarellą

SKŁADNIKI:

- 1 1/2 szklanki ciepłej wody (110°F lub 45°C)
- 2 1/4 łyżeczki aktywnych suchych drożdży (1 opakowanie)
- 1 łyżeczka cukru
- 3 1/2 szklanki mąki pełnoziarnistej
- 1 1/2 łyżeczki soli
- 1/4 szklanki sosu pesto
- 1 szklanka sera mozzarella, posiekanego
- Mąka kukurydziana lub kasza manna (do posypania)

INSTRUKCJE:

a) W małej misce wymieszaj ciepłą wodę, drożdże i cukier. Pozostawić na około 5-10 minut, aż mieszanina zacznie się pienić.
b) W dużej misce wymieszaj mąkę pełnoziarnistą i sól. Zrób wgłębienie na środku mieszanki mąki.
c) Wlać mieszaninę drożdży do zagłębienia w mące.
d) Mieszaj składniki razem, aż powstanie ciasto.
e) Ciasto wyrabiamy na posypanym mąką blacie przez około 8-10 minut, aż stanie się gładkie i elastyczne. Jeśli ciasto jest zbyt klejące, można dodać trochę więcej mąki.
f) Ciasto włóż do miski lekko naoliwionej, przykryj czystą ściereczką lub folią i odstaw do wyrośnięcia w ciepłym, pozbawionym przeciągów miejscu na około 1 godzinę lub do czasu, aż podwoi swoją objętość.
g) Rozgrzej piekarnik do 230°C (450°F). Włóż kamień do pieczenia lub odwróconą blachę do pieczenia do piekarnika, gdy się nagrzeje. Jeśli masz kamień do pizzy, świetnie sprawdzi się do pieczenia ciabatty.
h) Zagnieść ciasto i podzielić je na dwie równe części.
i) Każdą porcję rozwałkuj na długi i cienki kształt ciabatty. Możesz uformować ciasto rękami lub rozwałkować je na posypanej mąką powierzchni, a następnie przenieść na blachę do pieczenia lub skórkę do pizzy posypaną mąką kukurydzianą lub kaszą manną.
j) Na wierzch każdej ciabatty równomiernie rozsmaruj sos pesto.
k) Na pesto posypujemy startym serem mozzarella.

l) Uformowaną ciabattę przykryj czystą ściereczką i odstaw do ponownego wyrośnięcia na około 20-30 minut.
m) Za pomocą ostrego noża lub żyletki wykonaj ukośne nacięcia na wierzchu ciabatty. Pomaga im to rozwijać i rozwijać klasyczny wygląd ciabatty.
n) Ostrożnie przenieś ciabattę do nagrzanego piekarnika, bezpośrednio na kamień do pieczenia lub na gorącą blachę do pieczenia. Zachowaj ostrożność podczas otwierania piekarnika; jest gorąco!
o) Piec około 25-30 minut lub do czasu, aż ciabatta będzie złocistobrązowa i postukana w spód wyda głuchy dźwięk.
p) Przed pokrojeniem i podaniem ciabattę należy ostudzić na metalowej kratce.
q) Rozkoszuj się domowym pesto i mozzarellą pełnoziarnistej ciabatty, ze wspaniałymi smakami pesto i lepkiego sera mozzarella!

KANAPKI Z CIABATTĄ

51.Kanapka Caprese Ciabatta

SKŁADNIKI:
- 1 bochenek ciabatty przekrojony wzdłuż na pół
- 2 duże pomidory, pokrojone w plasterki
- 1 kulka świeżego sera mozzarella, pokrojona w plasterki
- Świeże liście bazylii
- Glazura balsamiczna
- Oliwa z oliwek
- Sól i pieprz do smaku

INSTRUKCJE:

a) Posmaruj wnętrze każdej połówki bochenka ciabatty oliwą z oliwek.

b) Na dolnej połowie bochenka ciabatty ułóż pokrojone pomidory, ser mozzarella i liście świeżej bazylii.

c) Nadzienie polewamy polewą balsamiczną, doprawiamy solą i pieprzem.

d) Połóż górną połowę bochenka ciabatty na nadzieniu, tworząc kanapkę.

e) Kanapkę pokroić na pojedyncze porcje i podawać.

52. Kanapka z grillowanym kurczakiem i pesto Ciabatta

SKŁADNIKI:
- 1 bochenek ciabatty przekrojony wzdłuż na pół
- 2 grillowane piersi z kurczaka, pokrojone w plasterki
- 4 łyżki sosu pesto
- 1 szklanka liści szpinaku baby
- 1 pomidor, pokrojony w plasterki
- 4 plastry sera provolone

INSTRUKCJE:

a) Na dolną połowę bochenka ciabatty posmaruj sosem pesto.

b) Na pesto ułóż grillowane plastry kurczaka, liście szpinaku baby, plasterki pomidora i ser provolone.

c) Połóż górną połowę bochenka ciabatty na nadzieniu, tworząc kanapkę.

d) Grilluj kanapkę na prasie do panini lub patelni grillowej, aż ser się roztopi, a chleb będzie chrupiący.

e) Kanapkę pokroić na pojedyncze porcje i podawać na gorąco.

53.Włoska kanapka Ciabatta

SKŁADNIKI:

- 1 bochenek ciabatty przekrojony wzdłuż na pół
- 4 plasterki prosciutto
- 4 plasterki salami
- 4 plastry mortadeli
- 4 plastry sera provolone
- 1/2 szklanki pieczonej czerwonej papryki, pokrojonej w plasterki
- 1/4 szklanki pokrojonych w plasterki czarnych oliwek
- 1/4 szklanki pokrojonej pepperoncini
- Oliwa z oliwek
- Sól i pieprz do smaku

INSTRUKCJE:

a) Posmaruj wnętrze każdej połówki bochenka ciabatty oliwą z oliwek.

b) Na dolnej połowie bochenka ciabatta ułóż prosciutto, salami, mortadelę, ser provolone, pieczoną czerwoną paprykę, czarne oliwki i pepperoncini.

c) Doprawić solą i pieprzem.

d) Połóż górną połowę bochenka ciabatty na nadzieniu, tworząc kanapkę.

e) Kanapkę pokroić na pojedyncze porcje i podawać.

54. Śródziemnomorska kanapka z warzywami Ciabatta

SKŁADNIKI:
- 1 bochenek ciabatty przekrojony wzdłuż na pół
- 1/2 szklanki hummusu
- 1 szklanka mieszanych warzyw
- 1/2 szklanki pokrojonego w plasterki ogórka
- 1/2 szklanki pokrojonego pomidora
- 1/4 szklanki pokrojonej w plasterki czerwonej cebuli
- 1/4 szklanki pokruszonego sera feta
- Oliwki Kalamata do dekoracji
- Oliwa z oliwek
- Sól i pieprz do smaku

INSTRUKCJE:
a) Na dolną połowę bochenka ciabatty posmaruj hummusem.
b) Na hummusie ułóż mieszankę warzyw, plasterki ogórka, plasterki pomidora, plasterki czerwonej cebuli i pokruszony ser feta.
c) Nadzienie skrop oliwą i dopraw solą i pieprzem.
d) Połóż górną połowę bochenka ciabatty na nadzieniu, tworząc kanapkę.
e) Przed podaniem pokrój kanapkę na pojedyncze porcje i udekoruj oliwkami Kalamata.

55.Kanapka z indykiem i żurawiną Ciabatta

SKŁADNIKI:
- 1 bochenek ciabatty przekrojony wzdłuż na pół
- Pokrojona pierś z indyka
- Sos żurawinowy
- Liście szpinaku baby
- Pokrojony ser brie
- musztarda Dijon

INSTRUKCJE:
a) Na dolną połowę bochenka ciabatty posmaruj musztardą Dijon.
b) Na musztardzie ułóż pokrojoną w plasterki pierś z indyka, sos żurawinowy, liście szpinaku baby i plasterki sera brie.
c) Połóż górną połowę bochenka ciabatty na nadzieniu, tworząc kanapkę.
d) Kanapkę pokroić na pojedyncze porcje i podawać.

56. Kanapka Ciabatta z bakłażanem i parmezanem

SKŁADNIKI:
- 1 bochenek ciabatty przekrojony wzdłuż na pół
- Panierowane i smażone plastry bakłażana
- Sos marinara
- Pokrojony ser mozzarella
- Świeże liście bazylii

INSTRUKCJE:
a) Na dolną połowę bochenka ciabatty posmaruj sosem marinara.
b) Na sosie ułóż panierowane i smażone plastry bakłażana, plasterki sera mozzarella i świeże liście bazylii.
c) Połóż górną połowę bochenka ciabatty na nadzieniu, tworząc kanapkę.
d) Kanapkę pokroić na pojedyncze porcje i podawać.

57. Kanapka Ciabatta z pieczoną wołowiną i chrzanem

SKŁADNIKI:
- 1 bochenek ciabatty przekrojony wzdłuż na pół
- Cienko pokrojona pieczeń wołowa
- Sos chrzanowy
- Rukola
- Pokrojona czerwona cebula
- Plasterki sera szwajcarskiego

INSTRUKCJE:
a) Na dolną połowę bochenka ciabatty posmaruj sosem chrzanowym.
b) Na sosie ułóż cienkie plasterki rostbefu, rukoli, pokrojonej w plasterki czerwonej cebuli i plasterków sera szwajcarskiego.
c) Połóż górną połowę bochenka ciabatty na nadzieniu, tworząc kanapkę.
d) Kanapkę pokroić na pojedyncze porcje i podawać.

58. Sałatka z tuńczyka, kanapka Ciabatta

SKŁADNIKI:
- 1 bochenek ciabatty przekrojony wzdłuż na pół
- Sałatka z tuńczyka (przygotowana z tuńczyka z puszki, majonezu, pokrojonego w kostkę selera, pokrojonej w kostkę czerwonej cebuli, soli i pieprzu)
- Pomidor w plasterkach
- Liście sałaty
- Pokrojone awokado

INSTRUKCJE:
a) Na dolną połowę bochenka ciabatty połóż sałatkę z tuńczyka.
b) Na sałatce z tuńczyka ułóż pokrojonego pomidora, liście sałaty i pokrojone awokado.
c) Połóż górną połowę bochenka ciabatty na nadzieniu, tworząc kanapkę.
d) Kanapkę pokroić na pojedyncze porcje i podawać.

59. Kanapka Ciabatta Veggie z mozzarellą i pesto

SKŁADNIKI:
- 1 bochenek ciabatty przekrojony wzdłuż na pół
- Sos Pesto
- Pokrojony świeży ser mozzarella
- Warzywa grillowane lub pieczone (takie jak cukinia, papryka i bakłażan)
- Świeże liście szpinaku

INSTRUKCJE:

a) Na dolną połowę bochenka ciabatty posmaruj sosem pesto.

b) Na pesto ułóż pokrojony w plasterki świeży ser mozzarella, grillowane lub pieczone warzywa i świeże liście szpinaku.

c) Połóż górną połowę bochenka ciabatty na nadzieniu, tworząc kanapkę.

d) Kanapkę pokroić na pojedyncze porcje i podawać.

60. Kanapka z wędzonym łososiem i serkiem śmietankowym

SKŁADNIKI:
- 1 bochenek ciabatty przekrojony wzdłuż na pół
- Plasterki wędzonego łososia
- Ser topiony
- Cienko pokrojona czerwona cebula
- kapary
- Świeży koper

INSTRUKCJE:

a) Na dolną połowę bochenka ciabatty posmaruj serkiem śmietankowym.

b) Na serku śmietankowym ułóż plasterki wędzonego łososia, cienko pokrojoną czerwoną cebulę, kapary i świeży koperek.

c) Połóż górną połowę bochenka ciabatty na nadzieniu, tworząc kanapkę.

d) Kanapkę pokroić na pojedyncze porcje i podawać.

61. Kanapka Ciabatta z szarpaną wieprzowiną z grilla

SKŁADNIKI:
- 1 bochenek ciabatty przekrojony wzdłuż na pół
- Szarpana wieprzowina z grilla
- Kolesław
- Ogórki konserwowe

INSTRUKCJE:

a) Podgrzej szarpaną wieprzowinę z grilla.

b) Na dolnej połowie bochenka ciabatty ułóż podgrzaną szarpaną wieprzowinę BBQ i sałatkę coleslaw.

c) Dodaj pikle na wierzch sałatki coleslaw.

d) Połóż górną połowę bochenka ciabatty na nadzieniu, tworząc kanapkę.

e) Kanapkę pokroić na pojedyncze porcje i podawać.

62. Grecka kanapka z kurczakiem Ciabatta

SKŁADNIKI:
- 1 bochenek ciabatty przekrojony wzdłuż na pół
- Grillowana pierś z kurczaka, pokrojona w plasterki
- Sos tzatziki
- Pokrojony ogórek
- Pomidor w plasterkach
- Plasterki czerwonej cebuli
- Oliwki Kalamata
- Pokruszony ser feta

INSTRUKCJE:
a) Na dolną połowę bochenka ciabatty posmaruj sosem tzatziki.
b) Na sosie tzatziki ułóż pokrojoną w plasterki grillowaną pierś kurczaka, plasterki ogórka, plasterki pomidora, plasterki czerwonej cebuli, oliwki Kalamata i pokruszony ser feta.
c) Połóż górną połowę bochenka ciabatty na nadzieniu, tworząc kanapkę.
d) Kanapkę pokroić na pojedyncze porcje i podawać.

63. Kanapka ze stekiem i karmelizowaną cebulą

SKŁADNIKI:
- 1 bochenek ciabatty przekrojony wzdłuż na pół
- Stek w plasterkach (np. ribeye lub polędwica), ugotowany według własnych upodobań
- Karmelizowane cebule
- Ser provolone w plasterkach
- Rukola
- Aioli chrzanowe (majonez zmieszany z przygotowanym chrzanem)

INSTRUKCJE:

a) Na dolną połowę bochenka ciabatty posmaruj aioli chrzanowym.

b) Na wierzchu aioli ułóż pokrojony stek, karmelizowaną cebulę, plasterki sera provolone i rukolę.

c) Połóż górną połowę bochenka ciabatty na nadzieniu, tworząc kanapkę.

d) Kanapkę pokroić na pojedyncze porcje i podawać.

64. Kanapka z kurczakiem Cezarem i Awokado Ciabatta

SKŁADNIKI:
- 1 bochenek ciabatty przekrojony wzdłuż na pół
- Grillowana pierś z kurczaka, pokrojona w plasterki
- Liście sałaty rzymskiej
- Dressing do sałatki Cezara
- Pokrojone awokado
- Ogolony ser parmezan

INSTRUKCJE:

a) Na dolną połowę bochenka ciabatty posmaruj sosem Cezar.

b) Na sosie ułóż grillowaną pierś kurczaka, liście sałaty rzymskiej, pokrojone awokado i starty parmezan.

c) Połóż górną połowę bochenka ciabatty na nadzieniu, tworząc kanapkę.

d) Kanapkę pokroić na pojedyncze porcje i podawać.

65. Kanapka Ciabatta z Kurczakiem Buffalo

SKŁADNIKI:
- 1 bochenek ciabatty przekrojony wzdłuż na pół
- Rozdrobniony kurczak bawoly (gotowany kurczak w sosie bawolym)
- Sos z sera pleśniowego
- Pokrojony seler
- Pokrojona czerwona cebula
- Liście sałaty

INSTRUKCJE:
a) Na dolną połowę bochenka ciabatty posmaruj dressingiem z sera pleśniowego.
b) Na sosie ułóż posiekanego kurczaka bawolego, pokrojony seler, pokrojoną w plasterki czerwoną cebulę i liście sałaty.
c) Połóż górną połowę bochenka ciabatty na nadzieniu, tworząc kanapkę.
d) Kanapkę pokroić na pojedyncze porcje i podawać.

66.Kanapka Muffuletta Ciabatta

SKŁADNIKI:
- 1 bochenek ciabatty przekrojony wzdłuż na pół
- Szynka pokrojona w plasterki
- Pokrojone salami
- Pokrojona mortadela
- Ser provolone w plasterkach
- Sałatka z oliwek Muffuletta

INSTRUKCJE:

a) Na dolnej połowie bochenka ciabatta ułóż pokrojoną w plasterki szynkę, salami, mortadelę i ser provolone.

b) Na wierzchu sera rozsmaruj sałatkę z oliwek mufuletta.

c) Połóż górną połowę bochenka ciabatty na nadzieniu, tworząc kanapkę.

d) Kanapkę pokroić na pojedyncze porcje i podawać.

67. Glazurowana kanapka z grzybami Portobello

SKŁADNIKI:

- 1 bochenek ciabatty przekrojony wzdłuż na pół
- Grzyby Portobello, łodygi usunięte
- Glazura balsamiczna
- Oliwa z oliwek
- Ząbki czosnku, posiekane
- Liście szpinaku baby
- Pokrojona w plasterki czerwona papryka
- Ser provolone w plasterkach

INSTRUKCJE:

a) Rozgrzej piekarnik do 400°F (200°C).
b) Grzyby portobello posmaruj oliwą z oliwek i posiekanym czosnkiem. Piecz je przez 15-20 minut, aż będą miękkie.
c) Posmaruj grzyby glazurą balsamiczną.
d) Na dolnej połowie bochenka ciabatta ułóż pieczone grzyby, liście młodego szpinaku, pokrojoną w plasterki czerwoną paprykę i ser provolone.
e) Połóż górną połowę bochenka ciabatty na nadzieniu, tworząc kanapkę.
f) Kanapkę pokroić na pojedyncze porcje i podawać.

68. Kanapka Tofu Banh Mi Ciabatta

SKŁADNIKI:
- 1 bochenek ciabatty przekrojony wzdłuż na pół
- Pieczone lub smażone plastry tofu
- Marynowana marchewka i rzodkiewka daikon
- Pokrojony ogórek
- Pokrojone papryczki jalapeno
- Świeże liście kolendry
- Majonez wegański
- sos sriracha

INSTRUKCJE:

a) Na dolną połowę bochenka ciabatta posmaruj wegańskim majonezem i sosem sriracha.

b) Na sosie ułóż pieczone lub smażone plastry tofu, marynowaną marchewkę i rzodkiewkę daikon, pokrojony ogórek, pokrojone papryczki jalapeno i świeże liście kolendry.

c) Połóż górną połowę bochenka ciabatty na nadzieniu, tworząc kanapkę.

d) Kanapkę pokroić na pojedyncze porcje i podawać.

69. Włoska kanapka z kiełbasą i papryką Ciabatta

SKŁADNIKI:

- 1 bochenek ciabatty przekrojony wzdłuż na pół
- Włoskie kiełbaski, gotowane i krojone
- Smażona papryka i cebula
- Sos marinara
- Ser provolone w plasterkach

INSTRUKCJE:

a) Na dolną połowę bochenka ciabatty posmaruj sosem marinara.

b) Na sosie ułóż plasterki ugotowanej włoskiej kiełbasy, smażoną paprykę i cebulę oraz plasterki sera provolone.

c) Połóż górną połowę bochenka ciabatty na nadzieniu, tworząc kanapkę.

d) Kanapkę pokroić na pojedyncze porcje i podawać.

70.Kanapka ze stekiem Ciabatta

SKŁADNIKI:
- 1 (2 funty) pieczeń londyńska
- 1 łyżka oliwy z oliwek
- 1 łyżka przyprawy do steków
- 2 łyżki pesto
- 1/4 szklanki majonezu
- 4 bułki ciabatta, przekrojone wzdłuż na pół
- 3 śliwkowe pomidory, pokrojone w plasterki

INSTRUKCJE:

a) Rozgrzej grill na średnim ogniu.

b) Posmaruj pieczeń londyńską oliwą z oliwek i dopraw przyprawą do steków. Umieścić na grillu. Grilluj od 3 do 5 minut z każdej strony, w zależności od grubości i preferencji. Po zakończeniu odczekaj 5 minut, a następnie pokrój na ukos.

c) W małej misce wymieszaj pesto i majonez.

d) Rozsmaruj mieszankę majonezu na dolnej połowie każdej ciabatty.

e) Na wierzchu ułóż plastry pomidora i mięso. Przykryj górnymi połówkami i podawaj.

71.Prosciutto Ciabatta Kanapka

SKŁADNIKI:
- 4 bochenki chleba ciabatta, małe
- 2 łyżki oliwy z oliwek
- ¾ funta prosciutto, podzielone
- 1 szklanka pomidorów, pokrojona w plasterki, podzielona
- 1 szklanka rukoli, umytej i osuszonej, podzielona
- 1 szklanka majonezu, podzielona

INSTRUKCJE:

a) Zacznij od przecięcia każdej ciabatty na pół, tak aby uzyskać górną i dolną część.

b) Lekko posmaruj wnętrze każdego kawałka ciabatty oliwą z oliwek.

c) Połóż plastry na blasze do pieczenia i piecz w piekarniku przez 7 minut. Można to również zrobić, opiekając posmarowaną olejem stronę chleba na patelni na średnim ogniu przez 2 minuty lub do momentu, aż będzie lekko brązowa.

d) Na każdym dolnym kawałku ciabatty ułóż warstwę rukoli, plasterki pomidora, a następnie prosciutto.

e) Jeśli wolisz, posmaruj majonezem lub musztardą.

f) Połóż drugą połowę chleba ciabatta na prosciutto, aby zakończyć kanapkę.

g) Powtarzaj proces, aż wszystkie 4 bochenki zostaną wypełnione wszystkimi składnikami.

h) Podawaj i ciesz się!

NADZIEWANA CIABATA

72. Ciabatta nadziewana caprese

SKŁADNIKI:
- 1 ciabatta
- 8 uncji świeżej mozzarelli, pokrojonej w plasterki
- 1 szklanka pomidorków koktajlowych, przekrojonych na połówki
- Świeże liście bazylii
- Glazura balsamiczna

INSTRUKCJE:
a) Ciabattę przekrój wzdłuż na pół.
b) Wydrąż wnętrze ciabatty, aby zrobić miejsce na nadzienie.
c) Wewnątrz ciabatty ułóż warstwę świeżej mozzarelli, pomidorków koktajlowych i liści bazylii.
d) Skropić glazurą balsamiczną.
e) Na wierzchu ułóż drugą połowę ciabatty i delikatnie dociśnij.
f) Pokrój i podawaj.

73. Ciabatta nadziewana szpinakiem i karczochami

SKŁADNIKI:
- 1 ciabatta
- 1 (10 uncji) opakowanie mrożonego szpinaku, rozmrożonego i wyciśniętego do sucha
- 1 (14-uncjowa) puszka serc karczochów, odsączona i posiekana
- 1 szklanka majonezu
- 1 szklanka startego parmezanu
- 1 szklanka startego sera mozzarella
- 2 ząbki czosnku, posiekane

INSTRUKCJE:
a) Rozgrzej piekarnik do 175°C (350°F).
b) Ciabattę przekroić wzdłuż na pół i wydrążyć wnętrze.
c) W misce wymieszaj szpinak, posiekane serca karczochów, majonez, parmezan, ser mozzarella i mielony czosnek.
d) Nadziewamy powstałą masą do wydrążonej ciabatty.
e) Nadziewaną ciabattę zawiń w folię aluminiową i piecz przez około 25-30 minut lub do momentu, aż nadzienie będzie gorące i musujące.
f) Rozpakuj, pokrój i podawaj.

74.Ciabatta nadziewana śródziemnomorską

SKŁADNIKI:
- 1 ciabatta
- Hummus
- Pieczona czerwona papryka, pokrojona w plasterki
- Oliwki (Kalamata lub czarne), pokrojone w plasterki
- Ser feta, pokruszony
- Świeża rukola

INSTRUKCJE:
a) Ciabattę przekrój wzdłuż na pół.
b) Rozłóż obficie warstwę hummusu po obu stronach.
c) Po jednej stronie ciabatty ułóż pieczoną czerwoną paprykę, oliwki i pokruszony ser feta.
d) Posyp świeżą rukolą.
e) Na wierzchu ułóż drugą połowę ciabatty i delikatnie dociśnij.
f) Pokrój i podawaj.

75.Chleb Ciabatta z Trzech Serów

SKŁADNIKI:
- 1 bochenek ciabatty
- 1 szklanka startego sera mozzarella
- 1/2 szklanki startego parmezanu
- 1/2 szklanki pokruszonego sera feta
- 2 ząbki czosnku, posiekane
- 1/4 szklanki posiekanej świeżej pietruszki
- 1/4 szklanki oliwy z oliwek

INSTRUKCJE:

a) Rozgrzej piekarnik do 190°C (375°F).

b) Bochenek ciabatty przekrój wzdłuż na pół i ułóż obie połówki na blasze do pieczenia.

c) W małej misce wymieszaj posiekany czosnek, posiekaną natkę pietruszki i oliwę z oliwek.

d) Posmaruj równomiernie mieszaniną czosnku i pietruszki obie połówki bochenka ciabatta.

e) Wierzch chleba równomiernie posypać startą mozzarellą, startym parmezanem i pokruszonym serem feta.

f) Piec w nagrzanym piekarniku przez 10-15 minut lub do momentu, aż ser się roztopi i zacznie bulgotać, a chleb będzie złotobrązowy.

g) Wyjmij z piekarnika, pokrój i podawaj na ciepło.

76.Ciabatta nadziewana włoskimi klopsikami

SKŁADNIKI:
- 1 ciabatta
- Mini klopsiki (wstępnie ugotowane)
- Sos marinara
- Ser mozzarella, posiekany

INSTRUKCJE:
a) Ciabattę przekrój wzdłuż na pół.
b) W rondlu podgrzej mini klopsiki z sosem marinara.
c) Do ciabatty włóż klopsiki i sos.
d) Posypać pokruszonym serem mozzarella.
e) Na wierzchu ułóż drugą połowę ciabatty i delikatnie dociśnij.
f) Pokrój i podawaj.

77. Ciabatta nadziewana krewetkami Cajun

SKŁADNIKI:

- 1 ciabatta
- 1 funt dużych krewetek, obranych i oczyszczonych
- 2 łyżki przyprawy Cajun
- 2 łyżki masła
- 1/2 szklanki majonezu
- 2 ząbki czosnku, posiekane
- 1 łyżka soku z cytryny
- Sałata pokrojona w plasterki
- Pokrojone pomidory

INSTRUKCJE:

a) Ciabattę przekrój wzdłuż na pół.
b) Posyp krewetki przyprawą Cajun.
c) Na patelni rozpuść masło i smaż krewetki, aż będą ugotowane, około 2-3 minuty z każdej strony.
d) W małej misce wymieszaj majonez, posiekany czosnek i sok z cytryny.
e) Posmaruj majonezem czosnkowym wnętrze ciabatty.
f) Usmażone krewetki ułóż warstwami na dolnej połowie ciabatty.
g) Na wierzchu ułóż pokrojoną w plasterki sałatę i pomidory.
h) Na wierzchu ułóż drugą połowę ciabatty i delikatnie dociśnij.
i) Pokrój i podawaj.

78. Serowy chleb ciabatta ze szpinakiem i karczochami

SKŁADNIKI:
- 1 bochenek ciabatty
- 1 szklanka startego sera mozzarella
- 1/2 szklanki startego parmezanu
- 1/2 szklanki posiekanego gotowanego szpinaku (dobrze odsączonego)
- 1/2 szklanki posiekanych marynowanych serc karczochów (dobrze odsączonych)
- 2 ząbki czosnku, posiekane
- 1/4 szklanki majonezu

INSTRUKCJE:
a) Rozgrzej piekarnik do 190°C (375°F).
b) Bochenek ciabatty przekrój wzdłuż na pół i ułóż obie połówki na blasze do pieczenia.
c) W małej misce wymieszaj posiekany czosnek i majonez.
d) Rozsmaruj równomiernie majonez czosnkowy na obu połówkach bochenka ciabatty.
e) Wierzch chleba równomiernie posypujemy startą mozzarellą i startym parmezanem.
f) Rozłóż równomiernie posiekany szpinak i posiekane serca karczochów na serze.
g) Piec w nagrzanym piekarniku przez 10-15 minut lub do momentu, aż ser się roztopi i zacznie bulgotać, a chleb będzie złotobrązowy.
h) Wyjmij z piekarnika, pokrój i podawaj na ciepło.

79.Szarpana wieprzowina z grilla nadziewana Ciabatta

SKŁADNIKI:
- 1 ciabatta
- 2 szklanki szarpanej wieprzowiny
- 1 szklanka sałatki coleslaw
- Sos grilowy

INSTRUKCJE:
a) Ciabattę przekrój wzdłuż na pół.
b) Podgrzej szarpaną wieprzowinę.
c) Napełnij ciabattę ciepłą szarpaną wieprzowiną.
d) Posyp sałatką coleslaw.
e) Skropić sosem BBQ.
f) Na wierzchu ułóż drugą połowę ciabatty i delikatnie dociśnij.
g) Pokrój i podawaj.

80.Kurczak Cezar Nadziewany Ciabatta

SKŁADNIKI:
- 1 ciabatta
- Grillowana pierś z kurczaka, pokrojona w plasterki
- Sałata rzymska, posiekana
- Dressing do sałatki Cezara
- Tarty parmezan

INSTRUKCJE:
a) Ciabattę przekrój wzdłuż na pół.
b) Posmaruj sosem Cezar po obu stronach ciabatty.
c) Na dolnej połowie ułóż pokrojonego w plasterki grillowanego kurczaka.
d) Posyp posiekaną sałatą rzymską i startym parmezanem.
e) Na wierzchu ułóż drugą połowę ciabatty i delikatnie dociśnij.
f) Pokrój i podawaj.

81.Serowy chleb czosnkowo-ziołowy Ciabatta

SKŁADNIKI:
- 1 bochenek ciabatty
- 1/2 szklanki startego sera mozzarella
- 1/2 szklanki startego sera Cheddar
- 1/4 szklanki startego parmezanu
- 3 ząbki czosnku, posiekane
- 2 łyżki posiekanej świeżej natki pietruszki
- 1/4 szklanki niesolonego masła, roztopionego

INSTRUKCJE:
a) Rozgrzej piekarnik do 190°C (375°F).
b) Bochenek ciabatty przekrój wzdłuż na pół i ułóż obie połówki na blasze do pieczenia.
c) W małej misce wymieszaj przeciśnięty przez praskę czosnek, posiekaną natkę pietruszki i roztopione masło.
d) Posmaruj równomiernie masłem czosnkowym i pietruszkowym obie połówki bochenka ciabatty.
e) Posyp równomiernie posiekaną mozzarellę, posiekany ser cheddar i starty parmezan na wierzchu chleba.
f) Piec w nagrzanym piekarniku przez 10-15 minut lub do momentu, aż ser się roztopi i zacznie bulgotać, a chleb będzie złotobrązowy.
g) Wyjmij z piekarnika, pokrój i podawaj na ciepło.

82.Ciabatta nadziewana taco

SKŁADNIKI:

- 1 ciabatta
- Mielona wołowina lub indyk, gotowana i doprawiana przyprawą do taco
- Salsa
- guacamole
- Kwaśna śmietana
- Rozdrobniona sałata
- Pomidory pokrojone w kostkę

INSTRUKCJE:

a) Ciabattę przekrój wzdłuż na pół.
b) Napełnij ugotowaną i przyprawioną mieloną wołowiną lub indykiem.
c) Na wierzch połóż salsę, guacamole, kwaśną śmietanę, posiekaną sałatę i pokrojone w kostkę pomidory.
d) Na wierzchu ułóż drugą połowę ciabatty i delikatnie dociśnij.
e) Pokrój i podawaj.

83. Ciabatta nadziewana pieczoną wołowiną i chrzanem

SKŁADNIKI:
- 1 ciabatta
- Pokrojona w plasterki pieczeń wołowa
- Sos chrzanowy
- Ser szwajcarski, pokrojony w plasterki
- Czerwona cebula, cienko pokrojona
- Rukola

INSTRUKCJE:
a) Ciabattę przekrój wzdłuż na pół.
b) Posmaruj sosem chrzanowym po obu stronach ciabatty.
c) Na dolnej połowie ułóż pokrojoną w plasterki pieczoną wołowinę, ser szwajcarski, czerwoną cebulę i rukolę.
d) Na wierzchu ułóż drugą połowę ciabatty i delikatnie dociśnij.
e) Pokrój i podawaj.

84.Ciabatta z Nadziewanym Kurczakiem Buffalo

SKŁADNIKI:
- 1 ciabatta
- Ugotowany i rozdrobniony kurczak (doprawiony sosem bawolym)
- Sos z sera pleśniowego
- Pokrojony seler
- Pokrojona w plasterki zielona cebula

INSTRUKCJE:
a) Ciabattę przekrój wzdłuż na pół.
b) Ugotowanego i rozdrobnionego kurczaka wrzucić do sosu bawolego.
c) Posmaruj sosem z sera pleśniowego po obu stronach ciabatty.
d) Na dolną połowę ułóż kurczaka bawolego.
e) Na wierzch połóż pokrojony seler i zieloną cebulę.
f) Na wierzchu ułóż drugą połowę ciabatty i delikatnie dociśnij.
g) Pokrój i podawaj.

85.Ciabatta z Nadziewanym Pesto Kurczakiem

SKŁADNIKI:
- 1 ciabatta
- Grillowana pierś z kurczaka, pokrojona w plasterki
- Sos Pesto
- Pokrojona w plasterki pieczona czerwona papryka
- Ser mozzarella, posiekany

INSTRUKCJE:
a) Ciabattę przekrój wzdłuż na pół.
b) Posmaruj sosem pesto po obu stronach ciabatty.
c) Na dolnej połowie ułóż pokrojonego w plasterki grillowanego kurczaka.
d) Na wierzch połóż pokrojoną w plasterki pieczoną czerwoną paprykę i posiekany ser mozzarella.
e) Na wierzchu ułóż drugą połowę ciabatty i delikatnie dociśnij.
f) Pokrój i podawaj.

86.Serowy chleb ciabatta Jalapeño Popper

SKŁADNIKI:
- 1 bochenek ciabatty
- 1 szklanka startego sera mozzarella
- 1/2 szklanki startego sera Cheddar
- 1/4 szklanki serka śmietankowego, zmiękczonego
- 2-3 papryczki jalapeño, pozbawione nasion i pokrojone w kostkę
- 2 ząbki czosnku, posiekane
- 2 łyżki posiekanej świeżej kolendry (opcjonalnie)

INSTRUKCJE:
a) Rozgrzej piekarnik do 190°C (375°F).
b) Bochenek ciabatty przekrój wzdłuż na pół i ułóż obie połówki na blasze do pieczenia.
c) W małej misce wymieszaj miękki serek śmietankowy, posiekany czosnek, pokrojone w kostkę papryczki jalapeno i posiekaną kolendrę.
d) Rozsmaruj równomiernie mieszaninę serka śmietankowego na obu połówkach bochenka ciabatta.
e) Wierzch chleba równomiernie posypujemy startą mozzarellą i startym serem Cheddar.
f) Piec w nagrzanym piekarniku przez 10-15 minut lub do momentu, aż ser się roztopi i zacznie bulgotać, a chleb będzie złotobrązowy.
g) Wyjmij z piekarnika, pokrój i podawaj na ciepło.

87. Ciabatta z wędzonym łososiem i serkiem śmietankowym

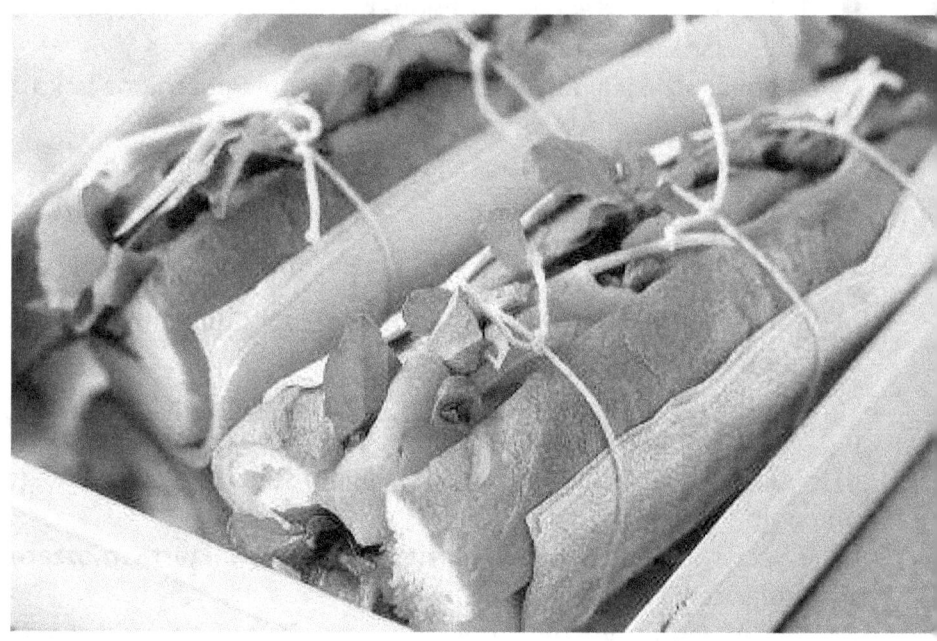

SKŁADNIKI:
- 1 ciabatta
- Plasterki wędzonego łososia
- Ser topiony
- Pokrojona czerwona cebula
- kapary
- Świeży koper

INSTRUKCJE:
a) Ciabattę przekrój wzdłuż na pół.
b) Posmaruj serkiem śmietankowym po obu stronach ciabatty.
c) Na dolną połowę układamy wędzonego łososia.
d) Posyp pokrojoną w plasterki czerwoną cebulą, kaparami i świeżym koperkiem.
e) Na wierzchu ułóż drugą połowę ciabatty i delikatnie dociśnij.
f) Pokrój i podawaj.

88.BLT Nadziewana Ciabatta

SKŁADNIKI:
- 1 ciabatta
- Boczek, ugotowany i pokruszony
- Pokrojone pomidory
- Liście sałaty
- majonez

INSTRUKCJE:
a) Ciabattę przekrój wzdłuż na pół.
b) Posmaruj majonezem obie strony ciabatty.
c) Na dolnej połowie ułóż bekon, pokrojone pomidory i sałatę.
d) Na wierzchu ułóż drugą połowę ciabatty i delikatnie dociśnij.
e) Pokrój i podawaj.

89. Sałatka Jajeczna Nadziewana Ciabatta

SKŁADNIKI:
- 1 ciabatta
- Sałatka Jajeczna (z jajek na twardo, majonezu, musztardy i przypraw)
- Liście sałaty
- Pokrojone w plasterki pikle

INSTRUKCJE:
a) Ciabattę przekrój wzdłuż na pół.
b) Na dolnej połowie połóż warstwę sałatki jajecznej.
c) Na wierzchu ułóż liście sałaty i pokrojone w plasterki pikle.
d) Na wierzchu ułóż drugą połowę ciabatty i delikatnie dociśnij.
e) Pokrój i podawaj.

90. Ciabatta nadziewana warzywami i hummusem

SKŁADNIKI:
- 1 ciabatta
- Hummus
- Ogórki pokrojone w plasterki
- Pokrojona w plasterki papryka
- Pokrojona czerwona cebula
- Pokrojone czarne oliwki
- Liście sałaty

INSTRUKCJE:
a) Ciabattę przekrój wzdłuż na pół.
b) Rozsmaruj warstwę hummusu po obu stronach ciabatty.
c) Na dolnej połowie ułóż pokrojone w plasterki ogórki, paprykę, czerwoną cebulę, czarne oliwki i sałatę.
d) Na wierzchu ułóż drugą połowę ciabatty i delikatnie dociśnij.
e) Pokrój i podawaj.

91.Truskawkowa Ciabatta

SKŁADNIKI:
- 1 ciabatta
- 1 szklanka świeżych truskawek, pokrojonych w plasterki
- 8 uncji serka śmietankowego, zmiękczonego
- 2 łyżki cukru pudru
- 1 łyżeczka ekstraktu waniliowego
- Skórka z 1 cytryny
- Świeże liście mięty do dekoracji (opcjonalnie)

INSTRUKCJE:
a) Rozgrzej piekarnik do 175°C (350°F).
b) Ciabattę przekrój wzdłuż na pół, tworząc dwie połówki.
c) Połóż połówki ciabatty na blasze do pieczenia i opiekaj je w nagrzanym piekarniku przez około 5 minut lub do momentu, aż będą lekko chrupiące. Możesz pominąć ten krok, jeśli wolisz bardziej miękką ciabattę.
d) W misce wymieszaj miękki serek śmietankowy, cukier puder, ekstrakt waniliowy i skórkę cytrynową. Mieszaj, aż masa będzie gładka i dobrze połączona.
e) Gdy połówki ciabatty będą już upieczone, odstaw je na kilka minut do ostygnięcia.
f) Rozsmaruj równomiernie mieszaninę serka śmietankowego na pokrojonych bokach ciabatty.
g) Na wierzchu warstwy serka ułóż pokrojone w plasterki truskawki.
h) W razie potrzeby udekoruj świeżymi liśćmi mięty, aby uzyskać efekt koloru i smaku.
i) Złóż razem dwie połówki ciabatty, tworząc kanapkę.
j) Za pomocą ostrego noża pokrój ciabattę na pojedyncze porcje.
k) Podawaj truskawkową ciabattę i ciesz się smakiem!

92.Figowa Ciabatta

SKŁADNIKI:
- 1 ciabatta
- 8-10 świeżych fig, pokrojonych w plasterki
- 4 uncje sera koziego lub serka śmietankowego
- 2-3 łyżki miodu
- Świeże liście rozmarynu do dekoracji (opcjonalnie)

INSTRUKCJE:
a) Rozgrzej piekarnik do 175°C (350°F).
b) Ciabattę przekrój wzdłuż na pół, tworząc dwie połówki.
c) Połóż połówki ciabatty na blasze do pieczenia i opiekaj je w nagrzanym piekarniku przez około 5 minut lub do momentu, aż będą lekko chrupiące. Możesz pominąć ten krok, jeśli wolisz bardziej miękką ciabattę.
d) Podczas opiekania ciabatty umyj i pokrój świeże figi.
e) Gdy połówki ciabatty będą już upieczone, odstaw je na kilka minut do ostygnięcia.
f) Rozłóż równomiernie ser kozi lub serek śmietankowy na pokrojonych bokach ciabatty.
g) Na wierzchu warstwy sera ułóż pokrojone figi.
h) Figi skrop miodem. Ilość miodu można dostosować do własnych upodobań.
i) W razie potrzeby udekoruj świeżymi liśćmi rozmarynu, aby uzyskać aromatyczny akcent.
j) Złóż razem dwie połówki ciabatty, tworząc kanapkę.
k) Za pomocą ostrego noża pokrój ciabattę na pojedyncze porcje.
l) Podaj swoją figową ciabattę i ciesz się nią!

93.Jabłkowa Ciabatta

SKŁADNIKI:
- 1 ciabatta
- 2-3 jabłka, pokrojone w cienkie plasterki (użyj ulubionej odmiany)
- 4 uncje sera Brie lub serka śmietankowego
- 2 łyżki miodu
- 1/4 szklanki posiekanych orzechów włoskich (opcjonalnie)
- Listki świeżego tymianku do dekoracji (opcjonalnie)

INSTRUKCJE:
a) Rozgrzej piekarnik do 175°C (350°F).
b) Ciabattę przekrój wzdłuż na pół, tworząc dwie połówki.
c) Połóż połówki ciabatty na blasze do pieczenia i opiekaj je w nagrzanym piekarniku przez około 5 minut lub do momentu, aż będą lekko chrupiące. Możesz pominąć ten krok, jeśli wolisz bardziej miękką ciabattę.
d) Podczas gdy ciabatta się opieka, umyj jabłka, wydrąż gniazda nasienne i pokrój je w cienkie plasterki.
e) Gdy połówki ciabatty będą już upieczone, odstaw je na kilka minut do ostygnięcia.
f) Rozłóż równomiernie ser Brie lub serek śmietankowy na pokrojonych bokach ciabatty.
g) Na warstwie sera ułóż pokrojone jabłka.
h) Skrop jabłka miodem. Dostosuj ilość miodu do pożądanego poziomu słodyczy.
i) Jeśli chcesz, posyp jabłka posiekanymi orzechami włoskimi, aby uzyskać rozkoszną chrupkość.
j) Jeśli masz świeże liście tymianku, udekoruj ciabattę jabłkową kilkoma gałązkami tymianku, aby dodać smaku.
k) Złóż razem dwie połówki ciabatty, tworząc kanapkę.
l) Za pomocą ostrego noża pokrój ciabattę na pojedyncze porcje.
m) Podaj swoją Jabłkową Ciabattę i ciesz się!

94.Brzoskwinia i bazylia Ciabatta

SKŁADNIKI:
- 1 ciabatta
- 2-3 dojrzałe brzoskwinie, pokrojone w cienkie plasterki
- 4 uncje świeżego sera mozzarella, pokrojonego w plasterki
- Świeże liście bazylii
- 2 łyżki oliwy z oliwek extra virgin
- 1 łyżka octu balsamicznego
- Sól i czarny pieprz do smaku

INSTRUKCJE:
a) Rozgrzej piekarnik do 175°C (350°F).
b) Ciabattę przekrój wzdłuż na pół, tworząc dwie połówki.
c) Połóż połówki ciabatty na blasze do pieczenia i opiekaj je w nagrzanym piekarniku przez około 5 minut lub do momentu, aż będą lekko chrupiące. Możesz pominąć ten krok, jeśli wolisz bardziej miękką ciabattę.
d) Podczas opiekania ciabatty umyj i pokrój dojrzałe brzoskwinie w cienkie plasterki.
e) Gdy połówki ciabatty będą już upieczone, odstaw je na kilka minut do ostygnięcia.
f) Na jednej połówce ciabatty ułóż plastry świeżej mozzarelli.
g) Połóż pokrojone brzoskwinie na mozzarelli.
h) Porwij listki świeżej bazylii i połóż je na brzoskwiniach.
i) Skropić oliwą z oliwek z pierwszego tłoczenia i octem balsamicznym warstwę brzoskwiń i bazylii.
j) Dopraw do smaku szczyptą soli i świeżo zmielonym czarnym pieprzem.
k) Połóż drugą połowę ciabatty na wierzchu, tworząc kanapkę.
l) Za pomocą ostrego noża pokrój ciabattę na pojedyncze porcje.
m) Podawaj ciabattę z brzoskwiniami i bazylią i ciesz się!

95.Ciabatta z malinami i kozim serem

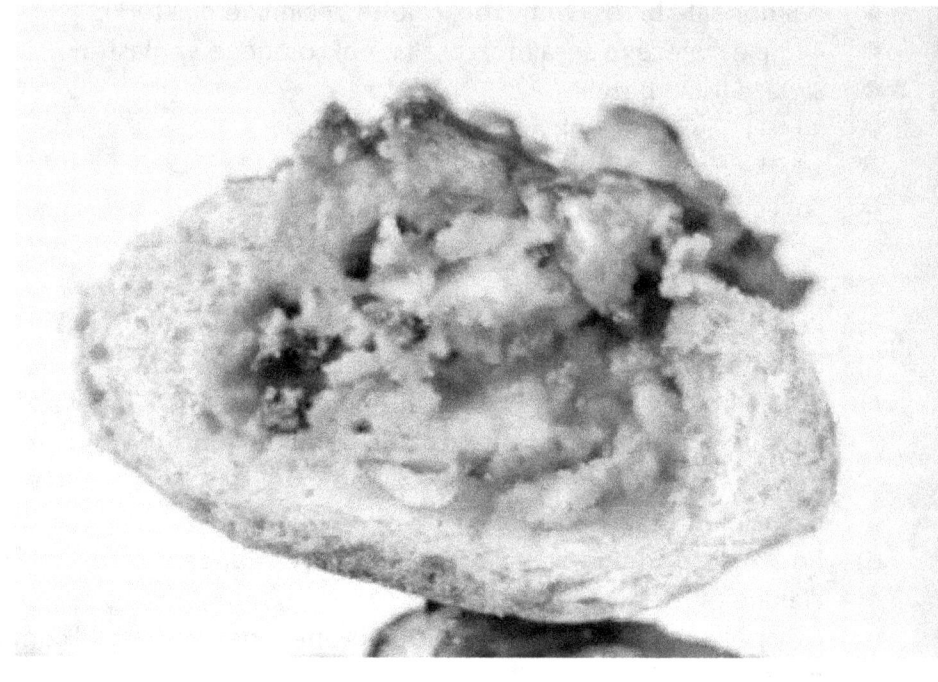

SKŁADNIKI:
- 1 ciabatta
- 4 uncje sera koziego
- 1 szklanka świeżych malin
- 2 łyżki miodu
- Świeże liście mięty (opcjonalnie, do dekoracji)

INSTRUKCJE:
a) Rozgrzej piekarnik do 175°C (350°F).
b) Ciabattę przekrój wzdłuż na pół, tworząc dwie połówki.
c) Połóż połówki ciabatty na blasze do pieczenia i opiekaj je w nagrzanym piekarniku przez około 5 minut lub do momentu, aż będą lekko chrupiące. Możesz pominąć ten krok, jeśli wolisz bardziej miękką ciabattę.
d) W czasie opiekania ciabatty umyj świeże maliny.
e) Gdy połówki ciabatty będą już upieczone, odstaw je na kilka minut do ostygnięcia.
f) Rozłóż równomiernie kozi ser na pokrojonych bokach ciabatty.
g) Rozłóż świeże maliny na warstwie koziego sera.
h) Maliny skrop miodem. Możesz dostosować ilość miodu do pożądanego poziomu słodyczy.
i) W razie potrzeby udekoruj świeżymi liśćmi mięty, aby dodać koloru i smaku.
j) Złóż razem dwie połówki ciabatty, tworząc kanapkę.
k) Za pomocą ostrego noża pokrój ciabattę na pojedyncze porcje.
l) Podawaj ciabattę z malinami i kozim serem i ciesz się smakiem!

96. Winogrono i Gorgonzola Ciabatta

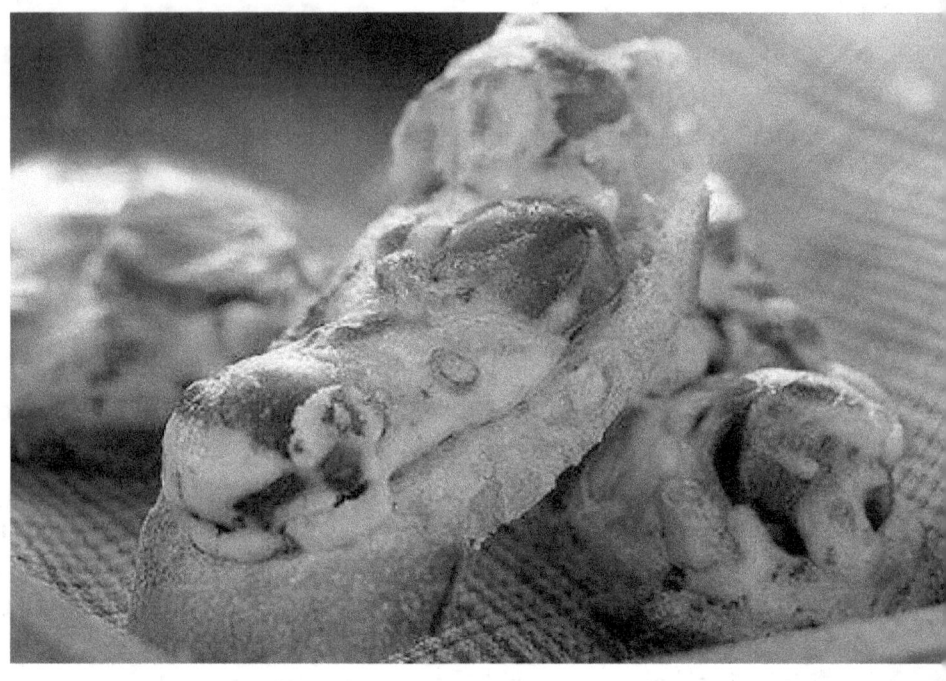

SKŁADNIKI:
- 1 ciabatta
- 4 uncje sera Gorgonzola
- 1 szklanka czerwonych lub czarnych winogron bez pestek, przekrojonych na pół
- 2 łyżki miodu
- Liście świeżego tymianku (opcjonalnie, do dekoracji)

INSTRUKCJE:
a) Rozgrzej piekarnik do 175°C (350°F).
b) Ciabattę przekrój wzdłuż na pół, tworząc dwie połówki.
c) Połóż połówki ciabatty na blasze do pieczenia i opiekaj je w nagrzanym piekarniku przez około 5 minut lub do momentu, aż będą lekko chrupiące. Możesz pominąć ten krok, jeśli wolisz bardziej miękką ciabattę.
d) W czasie opiekania ciabatty umyj i przekrój na pół winogrona bez pestek.
e) Gdy połówki ciabatty będą już upieczone, odstaw je na kilka minut do ostygnięcia.
f) Rozłóż równomiernie ser Gorgonzola na wyciętych bokach ciabatty.
g) Ułóż przekrojone na połówki winogron na warstwie Gorgonzoli.
h) Skropić miodem winogrona i ser. Możesz dostosować ilość miodu do pożądanego poziomu słodyczy.
i) W razie potrzeby udekoruj świeżymi liśćmi tymianku, aby uzyskać aromatyczny akcent.
j) Złóż razem dwie połówki ciabatty, tworząc kanapkę.
k) Za pomocą ostrego noża pokrój ciabattę na pojedyncze porcje.
l) Podaj winogrona i gorgonzolę Ciabatta i ciesz się!

97. Ciabatta gruszkowo-orzechowa

SKŁADNIKI:
- 1 ciabatta
- 2 dojrzałe gruszki, pokrojone w cienkie plasterki
- 1/2 szklanki posiekanych orzechów włoskich
- 4 uncje sera pleśniowego lub sera koziego
- 2 łyżki miodu
- Liście świeżego tymianku (opcjonalnie, do dekoracji)

INSTRUKCJE:
a) Rozgrzej piekarnik do 175°C (350°F).
b) Ciabattę przekrój wzdłuż na pół, tworząc dwie połówki.
c) Połóż połówki ciabatty na blasze do pieczenia i opiekaj je w nagrzanym piekarniku przez około 5 minut lub do momentu, aż będą lekko chrupiące. Możesz pominąć ten krok, jeśli wolisz bardziej miękką ciabattę.
d) Podczas gdy ciabatta się smaży, obierz, wydrąż gniazda nasienne i pokrój dojrzałe gruszki w cienkie plasterki.
e) Gdy połówki ciabatty będą już upieczone, odstaw je na kilka minut do ostygnięcia.
f) Rozłóż równomiernie ser pleśniowy lub kozi na pokrojonych bokach ciabatty.
g) Na wierzchu warstwy sera ułóż pokrojone gruszki.
h) Posyp gruszki posiekanymi orzechami włoskimi.
i) Gruszki i orzechy włoskie skrop miodem. Możesz dostosować ilość miodu do pożądanego poziomu słodyczy.
j) Jeśli chcesz, możesz udekorować świeżymi liśćmi tymianku, aby dodać smaku.
k) Złóż razem dwie połówki ciabatty, tworząc kanapkę.
l) Za pomocą ostrego noża pokrój ciabattę na pojedyncze porcje.
m) Podawaj ciabattę z gruszkami i orzechami i ciesz się smakiem!

98.Mango Ciabatta

SKŁADNIKI:
- 1 ciabatta
- 2 dojrzałe mango, obrane, pozbawione pestek i pokrojone w cienkie plasterki
- 4 uncje sera śmietankowego lub sera koziego
- 2 łyżki miodu
- Świeże liście mięty (opcjonalnie, do dekoracji)
- 160 gramów (5 uncji) rozdrobnionego gotowanego kurczaka (opcjonalnie)

INSTRUKCJE:
a) Rozgrzej piekarnik do 175°C (350°F).
b) Ciabattę przekrój wzdłuż na pół, tworząc dwie połówki.
c) Połóż połówki ciabatty na blasze do pieczenia i opiekaj je w nagrzanym piekarniku przez około 5 minut lub do momentu, aż będą lekko chrupiące. Możesz pominąć ten krok, jeśli wolisz bardziej miękką ciabattę.
d) Podczas gdy ciabatta się smaży, obierz, wypestkuj i pokrój dojrzałe mango w cienkie plasterki.
e) Gdy połówki ciabatty będą już upieczone, odstaw je na kilka minut do ostygnięcia.
f) Na pokrojone boki ciabatty równomiernie rozsmaruj serek śmietankowy lub ser kozi.
g) Na wierzchu warstwy sera ułóż pokrojone mango i kurczaka.
h) Plasterki mango skrop miodem. Możesz dostosować ilość miodu do pożądanego poziomu słodyczy.
i) W razie potrzeby udekoruj świeżymi liśćmi mięty, aby dodać koloru i smaku.
j) Złóż razem dwie połówki ciabatty, tworząc kanapkę.
k) Za pomocą ostrego noża pokrój ciabattę na pojedyncze porcje.
l) Podaj swoją Mango Ciabatta i ciesz się!

99.Jeżyna i Ricotta Ciabatta

SKŁADNIKI:
- 1 ciabatta
- 1 szklanka świeżych jeżyn
- 8 uncji sera ricotta
- 2 łyżki miodu
- Świeże liście bazylii do dekoracji (opcjonalnie)

INSTRUKCJE:
a) Rozgrzej piekarnik do 175°C (350°F).
b) Ciabattę przekrój wzdłuż na pół, tworząc dwie połówki.
c) Połóż połówki ciabatty na blasze do pieczenia i opiekaj je w nagrzanym piekarniku przez około 5 minut lub do momentu, aż będą lekko chrupiące. Możesz pominąć ten krok, jeśli wolisz bardziej miękką ciabattę.
d) Podczas opiekania ciabatty delikatnie umyj i osusz świeże jeżyny.
e) Gdy połówki ciabatty będą już upieczone, odstaw je na kilka minut do ostygnięcia.
f) Rozłóż równomiernie ser ricotta na wyciętych bokach ciabatty.
g) Na warstwie ricotty ułóż świeże jeżyny.
h) Skrop jeżynami miodem. Możesz dostosować ilość miodu do pożądanego poziomu słodyczy.
i) W razie potrzeby udekoruj świeżymi liśćmi bazylii, aby dodać koloru i smaku.
j) Złóż razem dwie połówki ciabatty, tworząc kanapkę.
k) Za pomocą ostrego noża pokrój ciabattę na pojedyncze porcje.
l) Podawaj Blackberry i Ricotta Ciabatta i ciesz się!

100.Ciabatta z szynką, serem i ziołami

SKŁADNIKI:
- 1 ½ łyżki aktywnych suchych drożdży
- 1 ½ szklanki ciepłej wody
- 1 łyżka miodu
- 4 szklanki (w przybliżeniu) niebielonej białej mąki
- ½ łyżeczki soli
- 4 łyżki oliwy z oliwek
- 1 ½ szklanki szynki lub wieprzowiny pokrojonej w kostkę
- ½ szklanki świeżo startego parmezanu
- 2 łyżeczki posiekanego świeżego rozmarynu
- 2 łyżeczki posiekanego świeżego tymianku
- 2 łyżeczki posiekanej świeżej szałwii

INSTRUKCJE:

a) Drożdże umieścić w dużej misce do miksowania. Wymieszaj ciepłą wodę z miodem i odstaw w ciepłe miejsce na około 10 minut lub do momentu, aż drożdże się rozpuszczą i zaczną wrzeć.

b) Stopniowo przesiać mąkę i sól do masy drożdżowej, ciągle mieszając, aż ciasto zacznie odchodzić od ścianek miski.

c) Blat posyp mąką i delikatnie zagniataj ciasto przez kilka minut. Przetnij ciasto na pół i rozwałkuj jedną połowę na prostokąt (jak prostokątna pizza) o wymiarach około 14 cali na 10 cali. Ciasto posmaruj 1,5 łyżką oliwy z oliwek.

d) Na powierzchni rozłóż połowę szynki, delikatnie wciskając ją w ciasto. Posyp ciasto połową sera, posyp połową ziół i obficie zmiel świeżym czarnym pieprzem. Za pomocą rąk delikatnie zwiń ciasto wzdłuż, na kształt długiego cygara.

e) Lekko sklej brzegi ciasta. Umieścić w dobrze natłuszczonej formie do pieczenia chleba francuskiego i przykryć czystą ściereczką.

f) Rozgrzej piekarnik do 450 stopni F.

g) Zrób drugi bochenek. Umieść dwa bochenki chleba w suchym, ciepłym miejscu i odstaw pod przykryciem na 15 minut.

h) Tuż przed pieczeniem lekko posmaruj bochenki pozostałą 1 łyżką oliwy z oliwek. Umieścić na środkowej półce nagrzanego piekarnika i piec od 20 do 25 minut lub do czasu, aż chleb będzie miał złocistobrązową skórkę i będzie wydawał głuchy dźwięk przy postukaniu w spód.

WNIOSEK

Kończąc naszą podróż po świecie chleba ciabatta, mam nadzieję, że poczujesz inspirację, aby zakasać rękawy, otrzepać fartuch i rozpocząć własną przygodę z pieczeniem chleba. „Przewodnik po kreacjach Ciabatta" został stworzony z pasji do rzemieślniczego pieczenia i zaangażowania, aby pomóc Ci osiągnąć mistrzostwo w pieczeniu chleba we własnej kuchni.

Kontynuując zgłębianie sztuki wypieku chleba ciabatta, pamiętaj, że prawdziwe piękno tego chleba leży nie tylko w jego ciągliwej konsystencji i chrupiącej powierzchni, ale także w radości dzielenia się nim z bliskimi. Niezależnie od tego, czy łamiesz chleb z rodziną i przyjaciółmi, delektujesz się spokojną chwilą przy filiżance kawy, czy delektujesz się dekadencką kanapką, niech każdy kęs ciabatty przybliży Cię do prostych przyjemności, jakie daje domowe dobro.

Dziękuję, że towarzyszysz mi w tej kulinarnej podróży. Niech Twoje wyroby z ciabatty będą zawsze ciągnące się, chrupiące i wyjątkowo pyszne, a Twoja kuchnia nadal będzie miejscem ciepła, kreatywności i kulinarnych poszukiwań. Do ponownego spotkania, życzę udanych wypieków i smacznego!

www.ingramcontent.com/pod-product-compliance
Lightning Source LLC
Chambersburg PA
CBHW070659120526
44590CB00013BA/1032